HARRAP'S

PORTUGUESE
pocket
VOCABULARY

New York Chicago San Francisco Lisbon London Madrid Mexico City
Milan New Delhi San Juan Seoul Singapore Sydney Toronto

ISBN 978-0-07-163619-3
MHID 0-07-163619-6

McGraw-Hill books are available at special quantity discounts to use as premiums and sales promotions or for use in corporate training programs. To contact a representative, please visit the Contact Us pages at www.mhprofessional.com.

Translation: Cristina Mendes
Project Editors: Alex Hepworth, Kate Nicholson
With Helen Bleck

Designed by Chambers Harrap Publishers Ltd, Edinburgh
Typeset in Rotis Serif and Meta Plus by Macmillan Publishing Solutions

CONTENTS

CONTENTS

Introduction

This Portuguese vocabulary book from Chambers has been compiled to meet the needs of students of Portuguese and is particularly useful for those taking school examinations.

This new, fully revised edition has been updated and expanded to contain over 7,500 vocabulary items in 66 subject areas, so users have all the language needed for a particular topic at their fingertips. Words are grouped thematically within each section, followed by example sentences showing vocabulary in context and illustrating tricky structures. All the vocabulary items included are entirely relevant to modern Portuguese, and informal expressions (labelled *Inf*) are also shown. Although the focus is on European Portuguese, with European spelling throughout, Brazilian Portuguese variants are also included, labelled **[BP]**. Sample phrases use the polite você form of 'you' (also the form used most widely in Brazil), with the familiar tu form in brackets. Nouns are shown with masculine and feminine variants where appropriate, while adjectives are given in the masculine singular form.

Boxed notes draw the user's attention to points of difficulty or confusion, while brand-new 'Homework help' sections provide inspiration for essay writing or oral presentations. Finally, this new edition features a smart, two-colour design to make consultation even easier and more enjoyable.

An index of approximately 2,000 words has been built up with specific reference to school exam requirements. This index is given in English with cross-references to the section of the book where the Portuguese vocabulary item is given.

Abbreviations used in the text:

Inf	informal
BP	Brazilian Portuguese
®	registered trade mark

1 A Descrição De Pessoas

DESCRIBING PEOPLE

ser	to be *(permanent)*
estar	to be *(temporary)*
ter	to have
parecer	to look, to seem
ter aspecto	to look
pesar	to weigh
descrever	to describe
a descrição	description
a aparência	appearance
o ar	look
o aspecto	look
os óculos	glasses
o piercing	piercing
a tatuagem	tattoo
jovem	young
velho	old
bonito	beautiful, good-looking
lindo	beautiful, good-looking
bonito	pretty, beautiful
querido	sweet
giro	cute
feio	ugly
elegante	smart, elegant
na moda	trendy
estiloso	stylish

mal arranjado	scruffy
sujo	scruffy
direito	right-handed
esquerdo	left-handed
bastante	quite, rather
muito	very, too (much)
demasiado, demais	too
um pouco	a little, a bit

a altura e o peso — height and weight

a estatura	size
alto	tall
baixo	small
de altura mediana	of average height
gordo	fat
obeso	overweight
magro	thin, skinny
esbelto	slim
nem gordo nem magro	of average build
escultural	curvy
forte	well built
corpulento	stocky
musculado	muscular

a cara — face

a tez	complexion
a espinha	spot
a borbulha	spot
o sinal	mole, beauty spot
as sardas	freckles
as rugas	wrinkles
a covinha	dimple
borbulhento	spotty
sardento	freckled
enrugado	wrinkled
macilento	haggard
bronzeado	sun-tanned

1 A Descrição De Pessoas

pálido	pale
branco	white
negro	black
asiático	Asian
oriental	Oriental
com lábios grossos	with thick lips
com lábios finos	with thin lips
ter nariz/boca...	to have a ... nose/mouth
pequeno	small
grande	large
curvo	curved
saliente	prominent
adunco	hook

o cabelo — hair

ter o cabelo...	to have ... hair
louro/claro	blonde/fair
castanho/castanho avermelhado	brown/chestnut
preto	black
ruivo	red
grisalho	grey
a ficar grisalho	greying
branco	white
encaracolado	curly
ondulado	wavy
liso	straight
crespo	frizzy
comprido	long
curto	short
pelos ombros	shoulder-length
usar/ter marrafa	to have a fringe
usar/ter franja	to have a fringe
ter a cabeça rapada	to have a shaved head
ter madeixas	to have highlights
ter o cabelo encarapinhado	to have an Afro
ser...	to be ...

louro	blonde
moreno	dark-haired
ruivo	red-headed
calvo	bald
careca	bald

a barba	beard
o bigode	moustache
a barbicha	goatee
as suíças	sideburns
a barba por fazer	stubble

os olhos — eyes

ter olhos...	to have ... eyes
escuros	dark
claros	light
azuis	blue
verdes	green
cinzentos	grey
castanhos	brown
castanhos claros	hazel
negros	black

---

pode (podes) descrevê-lo/la?
can you describe him/her?

como é que ele/ela é?
what's he/she like?

quanto mede (medes)?
how tall are you?

meço/tenho um metro e setenta e cinco (de altura)
I'm 1.75 metres tall

quanto pesa (pesas)?
how much do you weigh?

peso 70 quilos
I weigh 70 kilos

ele/ela tem o cabelo bastante curto
he/she has quite short hair

ela tem o cabelo comprido louro
she's got long blonde hair

---

1 A Descrição De Pessoas

o homem com barba branca
the man with the white beard

uma senhora com olhos azuis
a woman with blue eyes

ele/ela tem olhos bonitos
he's/she's got beautiful eyes

ele usa óculos
he wears glasses

(ele) tem um piercing na sobrancelha
he's got his eyebrow pierced

ele/ela parece um pouco estranho/a
he/she looks a bit strange

é um bebé bonitinho
it's a cute/sweet baby

a menina é magra demais
the girl is too thin

(ela) tem um bom corpo
she's got a good figure

ele/ela é muito atraente
he's/she's very attractive

Inf **(ela) é muito gira**
she's gorgeous

Note

★ Portuguese has two verbs meaning 'to be': ser and estar. Ser is generally used for permanent states or characteristics:

sou calmo
I am calm *(by nature)*

são muito altos/simpáticos
they are very tall/nice

as well as with matters of identity such as name, nationality and occupation:

é professor universitário
he is a university lecturer

é portuguesa
she is Portuguese

and when specifying times and permanent locations:

é meia-noite
it's midnight

o hotel é no centro
the hotel is in the city centre

Note—cont'd

Estar is generally used for temporary states, situations and locations:

estou **calmo**
I am calm *(at the moment)*

está **a nevar**
it's snowing

estava **em Lisboa quando aconteceu**
I was in Lisbon when it happened

★ Personal pronouns ('I', 'you', 'we' etc in English) are often omitted in Portuguese since the verb ending makes it clear which person is meant. They are generally only used for emphasis, or where there is ambiguity (eg in the third person, where the same verb form is used for 'he', 'she', 'it', and 'you').

não posso fazer isso
I can't do it

eu não posso fazer isso
I can't do it

★ The English prefix 'un-', as in 'unfriendly' or 'unhelpful', is often conveyed in Portuguese with the word pouco

ela é pouco simpática/muito pouco **prestável**
she is unfriendly/very unhelpful

See also sections

2 CLOTHES AND FASHION, 3 HAIR AND MAKE-UP, 4 THE HUMAN BODY, 6 HEALTH, ILLNESSES AND DISABILITIES *and* **63 DESCRIBING THINGS.**

2 O Vestuário e A Moda

Clothes and Fashion

vestir-se	to get dressed
despir-se	to undress
pôr	to put on
tirar	to take off
despir	to take off
mudar [BP trocar]	to change
provar	to try on
vestir	to put on; to wear
trazer	to wear
usar	to wear
ficar bem	to suit
servir	to fit

as roupas	**clothes**
o casaco	coat *(full-length)*
o sobretudo	overcoat
o casaco de pele	fur coat
o impermeável	raincoat
a capa de chuva	raincoat
o anorak, o anoraque	anorak
a parka	parka
o corta-vento	cagoule
o casaco	jacket
o blusão	jacket
o blazer	blazer
o blusão à aviador	bomber jacket
o colete	body-warmer
o casaco de forro polar	fleece
o fato [BP o terno]	suit
o conjunto	(lady's) suit
o smoking	dinner jacket

o uniforme	uniform
o uniforme escolar	school uniform
o fato-macaco, o macacão	overalls
as calças	trousers
as calças de ganga	jeans
os jeans	jeans
as calças de combate	combat trousers
as calças à boca de sino	flares
as jardineiras	dungarees
o fato de treino	tracksuit
os calções [BP o short]	shorts
os/as leggings	leggings
o vestido	dress
o vestido de noite	evening dress
a saia	skirt
a mini-saia	mini-skirt
a saia-calça	culottes
a saia escocesa	kilt
o vestido de alças	pinafore dress
a burca	burqa
o sari	sari
a camisola [BP a malha]	jumper, sweater
o pulôver	sweater, pullover
o camisolão	polo-neck jumper
a camisola de decote em V	V-neck jumper
o colete	waistcoat
o casaco de malha	cardigan
a sweatshirt	sweatshirt
a camisola de capucho	hoodie, hooded top
a camisa	shirt
a blusa	blouse
a T-shirt	T-shirt
o top	top
a camisola interior [BP camiseta]	vest top
a camisa de noite [BP a camisola]	nightdress
o pijama	pyjamas
o robe	dressing-gown

o roupão	bathrobe
o biquíni	bikini
o fato de banho	swimming costume
o calção de banho	swimming trunks
a roupa interior	underwear
as cuecas	(under)pants
as cuecas [BP a calcinha]	(lady's) pants
a tanga	thong
os boxers	boxer shorts
o soutien	bra
a camisola interior [BP a camiseta]	vest
a saiote	underskirt
a combinação	petticoat
as ligas	suspenders
as meias	stockings, socks
as peúgas [BP as meias]	(men's) socks
as meias	(long) socks
os collants	tights
as meias de rede	fishnet tights

o calçado — footwear

os sapatos	shoes
as botas	boots
as botas de borracha	Wellington boots
as botas curtas	ankle boots
os ténis	trainers
as botas de esqui	ski boots
as sandálias	sandals
as alparcatas	espadrilles
os chinelos de borracha	flip-flops
as pantufas	slippers
as botas altas	knee-high boots
saltos altos	high heels
saltos agulha	stiletto heels
saltos rasos	flat heels
os sapatos de plataforma	platform shoes
as pantufas	slippers (closed shoe)

um par de	a pair of
a sola	sole
o salto	heel

os acessórios

accessories

o chapéu	hat
o gorro	woolly hat, beanie
o boné	cap
a boina	beret
o chapéu de coco	bowler (hat)
o chapéu de sol	sunhat
o sombreiro	sunhat, wide-brimmed hat
o chapéu de palha	straw hat
o capuz	hood
as luvas	gloves
as mitenes	mittens
o cachecol	scarf *(long)*
o lenço	scarf *(square)*
o xaile	shawl
o poncho	poncho
a gravata	tie
o laço	bow tie
os suspensórios	braces
o cinto	belt
o colarinho	collar
os punhos	cuffs
o botão	button
o bolso	pocket
os botões de punho	cufflinks
o fecho de correr	zip
os atacadores	shoelaces
a alça	strap
a fivela	buckle
o velcro®	Velcro®
a faixa	ribbon
o lenço	handkerchief
o guarda-chuva	umbrella

a bolsa	handbag
a mala de mão	handbag
a bolsa de cintura	bumbag

as jóias — jewellery

a prata	silver
o ouro	gold
a pedra preciosa	precious stone
a pérola	pearl
o diamante	diamond
a esmeralda	emerald
o rubi	ruby
a safira	sapphire
o anel	ring
o anel de ouro	gold ring
o colar	necklace
o colar de pérolas	pearl necklace
a corrente	chain
o pingente	pendant
a pulseira	bracelet
a pulseira de pingentes	charm bracelet
a pulseira da amizade	friendship bracelet
o bracelete	bangle
os brincos	earrings
a argola de nariz	nose ring
o brinco de nariz	nose stud
o broche	brooch
as jóias de fantasia	costume jewellery

o tamanho — size

pequeno	small
médio	medium
grande	large
curto	short
comprido	long
largo	wide, loose
amplo	loose-fitting, baggy

apertado	tight
justo	(too) tight
aderente	clingy
o tamanho	size
a cintura	waist
o número dos sapatos	shoe size
o tamanho do colarinho	collar size
a medida das ancas	hip measurement
a medida do peito	bust/chest measurement
a medida da cintura	waist measurement

o estilo	**style**
o modelo	model *(person)*
o padrão	design, pattern
o estilo	style
a cor	colour
o tom	shade
o tecido	material
liso	plain
estampado	printed
bordado	embroidered
aos quadrados	check
em xadrez	tartan
às flores	flowered, flowery
plissado	pleated
às bolinhas	polka-dot
às riscas	striped
elegante	elegant
formal	formal/evening dress
descontraído	casual
descuidado	sloppy
simples	simple
sóbrio	sober
garrido	loud, gaudy
à moda	fashionable
fora de moda	unfashionable, out of fashion

antiquado	old-fashioned
decotado	low-cut

a moda — *fashion*

a indústria de confecção	clothing industry
a indústria da moda	fashion industry
a colecção (de Inverno)	(winter) collection
a costura	dressmaking
a alta costura	high fashion, haute couture
a roupa de costureiro	designer clothes
o costureiro, a costureira	fashion designer
o/a estilista	fashion designer
o alfaiate	tailor
a modista	dressmaker
o desfile de moda	fashion show
a passarela	catwalk

péugas em algodão/lã cotton/woollen socks	**é de couro** it's (made of) leather
uma saia que fique bem com esta camisa a skirt that matches this shirt	
queria uma coisa mais barata I'd like something cheaper	
qual é o seu tamanho? what is your size?	**que número (de sapatos) calça?** what is your shoe size?
o vermelho não me fica bem red doesn't suit me	**essas calças ficam-lhe (te) bem** those trousers suit you
este casaco veste bem this jacket is a good fit	**(ela) está muito bem vestida** she's very well dressed

Note

False friend: the Portuguese word o colar means 'necklace'. The word for 'collar' is a gola.

See also sections

13 LIKES AND DISLIKES, 18 SHOPPING, 64 COLOURS
and 65 MATERIALS.

3 O Cabelo e a Maquilhagem

Hair and make-up

lavar o cabelo	to wash one's hair
secar o cabelo	to dry one's hair
pentear o cabelo	to comb one's hair
escovar o cabelo	to brush one's hair
arranjar o cabelo	to do one's hair
pintar o cabelo	to dye one's hair
pintar o cabelo de louro	to dye one's hair blonde
ir ao cabeleireiro	to go to the hairdresser's
cortar o cabelo (no cabeleireiro)	to have a haircut
pintar o cabelo (no cabeleireiro)	to have one's hair dyed
fazer uma ondulação	to have one's hair curled
fazer uma permanente	to have a perm
fazer mechas no cabelo	to have highlights put in
pôr extensões	to have extensions put in
cortar	to cut
acertar	to trim
mudar o penteado	to change one's hairstyle
maquilhar-se [BP maquilar-se]	to put one's make-up on
retirar a maquilhagem [BP maquilagem]	to remove one's make-up
fazer uma recauchutagem	to have a makeover
fazer uma limpeza de pele	to have a facial
ir à manicure	to have a manicure
ir à pedicure	to have a pedicure
pintar as unhas	to paint one's nails
perfumar-se	to put on perfume
barbear-se	to shave

rapar as pernas	to shave one's legs
depilar com cera	to wax
depilar as pernas (com cera)	to have one's legs waxed
depilar as virilhas	to have one's bikini line done
fazer uma depilação à brasileira	to have a Brazilian wax
arrancar as sobrancelhas	to pluck one's eyebrows

os penteados

hairstyles

ter o cabelo...	to have ... hair
fino	fine
espesso	thick
pintado	dyed
oleoso	greasy
seco	dry

ter o cabelo à escovinha	to have a crew-cut
o corte (de cabelo)	(hair)cut
o corte a direito	bob
a permanente	perm
a ondulação	curl
a madeixa (de cabelos)	lock (of hair)
os reflexos	highlights
as madeixas	highlights
a franja	fringe
o penacho	tuft
a risca	parting
o rabo-de-cavalo	ponytail
o carrapito	bun
a trança	plait, pigtail
os totós	bunches
a pente	comb
a escova de cabelo	hairbrush
a travessa (de cabelo)	hairslide
o secador (de cabelo)	hairdryer
o rolo	roller
o ferro de frisar	tongs
o ferro de alisar o cabelo	hair straighteners

a peruca	wig
a cabeleira	wig
o champô	shampoo
o amaciador	conditioner
os produtos de modelagem para o cabelo	styling products
o gel	gel
a espuma	mousse
a cera	wax
a laca	hairspray

a maquilhagem
[BP a maquilagem]

	make-up
o creme hidratante	moisturizer
a base	foundation
o pó de arroz	powder
o blusher	blusher
o bâton [BP o batom]	lipstick
o rímel	mascara
a sombra	eye-shadow
o delineador	eyeliner
a pinça	tweezers
o leite de limpeza	cleanser
o desmaquilhador	make-up remover
o tónico facial	toner
a verniz de unhas	nail varnish
a acetona	nail varnish remover
a lixa de unhas	nail file
o perfume	perfume
a água-de-colónia	cologne
o desodorizante [BP o desodorante]	deodorant
o bronzeado falso	fake tan
o solário	sunbed

fazer a barba

	shaving
a barba	beard
o bigode	moustache

o pêlo	hair *(on face, body)*
a navalha de barba	razor
a máquina de barbear eléctrica	(electric) shaver
a lâmina de barbear	razor blade
a espuma de barba	shaving foam
o loção de barba	aftershave
a depilação com cera	waxing
a electrólise	electrolysis

(ele) tem caspa
he has dandruff

(eu) faço solário
I go on a sunbed

(ela) usa muita maquilhagem
she wears a lot of make-up

(ela) usa tranças
she wears her hair in plaits

See also section

1 DESCRIBING PEOPLE.

as partes do corpo	**parts of the body**
a cabeça	head
o pescoço	neck
a garganta	throat
a nuca	nape of the neck
o ombro	shoulder
o peito	chest, bust
os seios	breasts
o estômago	stomach
a barriga	stomach *(belly)*
as costas	back
o braço	arm
o cotovelo	elbow
a mão	hand
o pulso	wrist
o punho	fist
o dedo	finger
o (dedo) mínimo	little finger
o (dedo) indicador	index finger
o polegar	thumb
a unha	nail
a cintura	waist
a anca	hip
o traseiro	bottom, behind
as nádegas	buttocks
a perna	leg
a coxa	thigh
o joelho	knee
a barriga da perna	calf
o tornozelo	ankle

o pé	foot
o calcanhar	heel
o dedo do pé	toe
o dedão do pé	big toe
o órgão	organ
o membro	limb
o músculo	muscle
o osso	bone
o esqueleto	skeleton
a coluna vertebral	spine
a costela	rib
a carne	flesh
a pele	skin
o coração	heart
os pulmões	lungs
o fígado	liver
os rins	kidneys
a bexiga	bladder
o sangue	blood
a veia	vein
a artéria	artery

a cabeça	**the head**
o crânio	skull
o cérebro	brain
o cabelo	hair
o rosto	face
os traços	features
a testa	forehead
a têmpora	temple
as sobrancelhas	eyebrows
as pestanas	eyelashes
o olho	eye
as pálpebras	eyelids
a pupila	pupil
o nariz	nose
a narina	nostril

a bochecha	cheek
a maçã do rosto	cheekbone
o maxilar	jaw
a boca	mouth
os lábios	lips
a língua	tongue
o dente	tooth
o dente do siso	wisdom tooth
o queixo	chin
a orelha	ear

See also sections

6 HEALTH, ILLNESSES AND DISABILITIES *and* **7 MOVEMENTS AND GESTURES.**

5 Como Está?

How are you feeling?

sentir-se	to feel
estar bem	to be well
estar mal	to be unwell
sentir-se enjoado	to feel sick
estar...	to be...
com calor	warm
cheio de calor	hot
com frio	cold
com fome	hungry
com sede	thirsty
com sono	sleepy
morto de fome	starving
em (plena) forma	(very) fit, on (top) form
cheio de energia	full of energy
fatigado	tired
cansado	tired
exausto	exhausted
fraco	weak
frágil	frail
saudável	healthy
de boa saúde	in good health
doente	sick, ill
alerto	alert
acordado	awake
agitado	agitated
meio a dormir	half asleep
a dormir	asleep
encharcado	soaked
gelado	frozen

demasiado	too
completamente	totally

não me sinto bem I don't feel well	**não me sinto nada bem** I feel terrible
sinto-me fraco I feel weak	**estou esgotado** I'm worn out
estou exausto I'm exhausted	**já não posso mais, estou farto** I've had enough!
tenho demasiado calor I'm too hot	**estou gelado!** I'm freezing!
estou esfomeado! I'm starving!	**(ele) está no topo da forma** he's on top form
(ele) tem um ar cansado/parece cansado he looks tired	

See also section

6 HEALTH, ILLNESSES AND DISABILITIES.

6 A Saúde, As Doenças e As Deficiências

Health, illnesses and disabilities

estar...	to be ...
bem	well
mal	unwell
doente	ill, sick
melhor	better
adoecer	to fall ill
apanhar	to catch
ter...	to have ...
dores de estômago	a stomach ache
dores de cabeça	a headache
dores de garganta	a sore throat
dores nas costas	backache
dores de ouvidos	earache
dores de dentes	toothache
ter náuseas	to feel sick/queasy
estar/sentir-se enjoado	to be/feel seasick
estar com o período	to have one's period
ter dores menstruais	to have period pain
ter dores	to be in pain
sofrer (de)	to suffer (from)
estar constipado	to have a cold
sofrer do coração	to have a heart condition
ter diabetes	to have diabetes
ter um cancro de mama/de pele/de pulmão	to have breast/skin/lung cancer

6 A Saúde, As Doenças e As Deficiências

partir a perna	to break one's leg
torcer o tornozelo	to sprain one's ankle
magoar-se nas costas	to hurt one's back
magoar	to hurt
ferir	to injure
sangrar	to bleed
vomitar	to vomit
tossir	to cough
espirrar	to sneeze
transpirar	to sweat, to perspire
suar	to sweat
tremer	to shake
ter arrepios	to shiver
ter febre	to have a temperature
desmaiar	to faint
estar em coma	to be in a coma
tratar	to treat
tratar de	to nurse
cuidar de	to take care of
chamar	to call
mandar vir	to send for
marcar uma consulta	to make an appointment
examinar	to examine
receitar	to prescribe
operar	to operate
amputar	to amputate
remover	to remove
fazer uma ressuscitação cardiopulmonar	to perform CPR
fazer respiração boca-a-boca	to give mouth-to-mouth
tratar de uma ferida	to dress a wound
fazer um penso	to put a bandage on
ser operado	to have an operation
ser operado às amígdalas	to have one's tonsils taken out

ser operado à apêndice	to have one's appendix taken out
arrancar um dente	to have a tooth taken out
tirar um raio X	to have an X-ray
dar à luz	to give birth
ter necessidade de	to need
precisar de	to require
tomar	to take
descansar	to rest
estar em convalescência	to be convalescing
curar	to heal
recuperar	to recover
emagrecer	to lose weight
inchar	to swell
ficar infectado	to become infected
piorar	to get worse
morrer	to die
doente	ill, sick
indisposto	unwell
fraco	weak
curado	cured
de boa saúde	in good health
vivo	alive
grávida	pregnant
alérgico (a)	allergic (to)
anémico	anaemic
diabético	diabetic
obstipado	constipated
doloroso	painful
contagioso	contagious
grave	serious
infectado	infected *(person)*
inchado	swollen
partido	broken
torcido	sprained

as doenças	**illnesses**
a doença	disease, illness
a dor	pain
a cãibra	cramp
a epidemia	epidemic
o ataque	fit, attack
a crise	fit
o ferimento	injury
a ferida	wound, sore
a entorse	sprain
a fractura	fracture
a hemorragia (interna)	haemorrhage
a hemorragia (externa)	bleeding
a hemorragia nasal	nosebleed
a febre	fever
a temperatura	temperature
os soluços	hiccups
a tosse	cough
o pulso	pulse
a respiração	breathing
o grupo sanguíneo	blood group
a tensão arterial	blood pressure
o abcesso	abscess
a alergia	allergy
a apendicite	appendicitis
a artrite	arthritis
a asma	asthma
o ataque cardíaco	heart attack
o ataque de epilepsia	epileptic fit
a bronquite	bronchitis
o cancro [BP o câncer]	cancer
a constipação [BP resfriado]	cold
a diarreia	diarrhoea
a dor de cabeça	headache
a enxaqueca	migraine

a epilepsia	epilepsy
o esgotamento nervoso	nervous breakdown
a febre dos fenos	hay fever
a febre tifóide	typhoid
a gripe	flu
a gripe das aves	bird flu
a hérnia	hernia
a indigestão	indigestion
a indisposição de estômago	upset stomach
a infecção	infection
a infecção na garganta	throat infection
a infecção transmitida sexualmente	STI
a insolação	sunstroke
a intoxicação alimentar	food poisoning
a leucemia	leukaemia
a meningite	meningitis
a obstipação	constipation
a papeira	mumps
a pneumonia	pneumonia
a raiva	rabies
a ressaca	hangover
o reumatismo	rheumatism
a rubéola	German measles
o sarampo	measles
a SIDA [BP o AIDS]	AIDS
o traumatismo craniano	concussion
a tuberculose	TB
a varicela	chickenpox
o período	period
a menstruação	period, menstruation
o trabalho de parto	labour
o parto	childbirth
a cesárea	Caesarean
o aborto	abortion
o aborto espontâneo	miscarriage

a FIV, a fecundação in vitro	IVF
o bebé proveta	test-tube baby

a pele — **the skin**

a queimadura	burn
a queimadura de sol	sunburn
o corte	cut
o arranhão	scratch
a arranhadura	graze
a picada	(insect) bite
a mordedura	bite *(animal)*
a comichão	itch
a erupção	rash
o acne	acne
a espinha	spot
a verruga	wart
o calo	corn
a bolha	blister
a nódoa negra	bruise
a cicatriz	scar
a úlcera	ulcer
a afta	mouth ulcer

os tratamentos — **treatments**

a medicina	medicine
a higiene	hygiene
a saúde	health
o tratamento	(course of) treatment
os cuidados de saúde	health care
os primeiros socorros	first aid
o hospital	hospital
a clínica	clinic
a clínica de planeamento familiar	family planning clinic
o gabinete médico	(doctor's) surgery
o seguro de saúde privado	private health care
a Caixa de Providência	state health care
a ambulância	ambulance

a maca	stretcher
o termómetro	thermometer
o gota a gota	drip
a cadeira de rodas	wheelchair
o gesso	plaster cast
as muletas	crutches
a operação	operation
a anestesia	anaesthetic
os pontos	stitches
a transfusão de sangue	blood transfusion
a radiografia, o raio X	X-ray
a injecção	injection
a vacinação	vaccination
a quimoterapia	chemotherapy
a radioterapia	radiotherapy
a cirurgia cosmética	cosmetic surgery
a cirurgia plástica	plastic surgery
o lifting	facelift
a cirurgia nasal	nose job
os implantes mamários	breast implants
a liposucção	liposuction
a dieta	diet
a consulta	consultation, appointment
a receita	prescription
a convalescença	convalescence
a recuperação	recovery
a morte	death
o médico/a médica	doctor
o/a médico/a de clínica geral	GP
o/a especialista	specialist
o/a oftalmologista	optician
o cirurgião/a cirurgiã	surgeon
o enfermeiro/a enfermeira	nurse
o/a doente	sick person
o/a paciente	patient

os medicamentos / medicines

o medicamento	medicine
o remédio	medicine, remedy
a farmácia	chemist's
os antibióticos	antibiotics
o analgésico	painkiller
a aspirina	aspirin
o tranquilizante	tranquillizer
o sonífero	sleeping tablet
o sedativo	sedative
o laxativo	laxative
as vitaminas	vitamins
o xarope para a tosse	cough mixture
o comprimido	tablet
a pastilha	lozenge, pastille
a contracepção	contraception
o preservativo	condom
a pílula (contraceptiva)	(contraceptive) pill
a pílula do dia seguinte	morning-after pill
as gotas	drops
o antiséptico	antiseptic
a pomada	ointment
a penicilina	penicillin
o algodão (hidrófilo)	cotton wool
o gesso	plaster
a compressa	dressing, compress
o penso	bandage
o penso adesivo	sticking plaster
o penso higiénico	sanitary towel
o tampão	tampon

no dentista / at the dentist's

o/a dentista	dentist
o consultório dentário	dental surgery
a sala de espera	waiting room
o dente	tooth
a dentadura	dentures

a cárie	decay
a extracção	extraction
o amálgama	filling
o chumbo	filling
a placa bacteriana	plaque
o aparelho (dentário)	brace

as deficiências — disabilities

deficiente	disabled
a síndrome de Down (o mongolismo)	Down's syndrome
cego	blind
daltónico	colour-blind
míope	short-sighted
presbita	long-sighted
duro de ouvido	hard of hearing
surdo	deaf
surdo-mudo	deaf-mute
paralítico	paralysed, disabled
aleijado	maimed
coxo	lame
a pessoa com deficiência (mental)	person with a learning disability
o cego	blind person
a pessoa com deficiência	disabled person
a bengala	stick
o aparelho auditivo	hearing aid
os óculos	glasses
as lentes de contacto	contact lenses

---

como se (te) sente(s)?
how are you feeling?

não me sinto muito bem
I don't feel very well

tenho náuseas
I feel sick

sinto-me tonto
I feel dizzy

onde é que lhe dói?
where does it hurt?

dói-me a garganta
I've got a sore throat

---

dói-me o joelho
my knee hurts

doem-me os olhos
my eyes are sore

tenho o nariz entupido/a pingar
I've got a blocked-up/runny nose

não é grave
it's nothing serious

tirei a temperatura
I took my temperature

tem 38 graus de febre
he's/she's/you've got a temperature of 101

tem alguma coisa para...?
have you got anything for ...?

está grávida de seis semanas
she's six weeks pregnant

(ele) está em coma
he's in a coma

ele/ela foi operado/a a um olho
he/she had an eye operation

vou ser operado ao joelho
I'm going to have an operation on my knee

aplicaram-lhe os primeiros-socorros
they gave him first aid

(ela) está no hospital
she's in hospital

já me sinto melhor
I'm feeling better

as melhoras!
get well soon!

Inf **(eu) estava a morrer!**
I was in agony!

Inf **estou com os intestinos um pouco descontrolados**
I've got a bit of a dodgy tummy

Note

False friends: the Portuguese word a constipação means 'a cold'. The word for 'constipation' is a obstipação.

The Portuguese word a injúria means 'insult'. The word for 'injury' is o ferimento.

The Portuguese word o apontamento means 'note'. The word for 'appointment' is a hora marcada:

ter hora marcada no dentista
to have a dentist's appointment

See also section

4 THE HUMAN BODY.

7 Os Movimentos e Os Gestos

MOVEMENTS AND GESTURES

as idas e vindas	**comings and goings**
ir	to go
aparecer	to appear
chegar	to arrive
mancar	to limp
continuar	to continue, to go on
correr	to run
ultrapassar	to pass, to go past
passar por	to go past
descer (as escadas)	to go/come down(stairs)
descer/sair de	to get off
desaparecer	to disappear
entrar em	to go/come in(to)
irromper	to rush in
estar imobilizado	to be rooted to the spot
passear de um lado para o outro	to pace up and down
dar um passeio	to go for a walk
deslizar	to slide (along)
andar	to walk, to go
caminhar	to walk, to stroll
andar a passos largos	to stride
andar para trás	to walk backwards
subir (as escadas)	to go up(stairs)
subir para	to get on
partir	to leave
ir-se embora	to go away
partir apressadamente	to rush away
atravessar	to go through, to cross

retroceder	to move back
voltar a descer	to go back down
voltar a subir	to go back up/down
voltar a partir	to set off again
voltar a entrar	to go/come back in
regressar a casa	to go/come (back) home
voltar a sair	to go/come back out
ficar	to stay
permanecer	to remain
regressar	to go/come back
voltar	to return
andar aos saltos	to hop
saltar	to jump
parar	to stop
dar um passeio	to go for a stroll
esconder-se	to hide
ir para a cama	to go to bed
deitar-se	to lie down
apressar-se	to hurry, to rush
despachar-se	to hurry up
pôr-se a caminho	to set off
sair (de)	to come/go out (of)
seguir	to follow
surgir de repente	to appear suddenly
cambalear	to stagger
arrastar-se	to dawdle
errar	to wander
deambular	to hang about
tropeçar	to trip
vir	to come
a chegada	arrival
a partida	departure
o início	start
o princípio	beginning
o fim	end
a entrada	entrance

7 Os Movimentos e Os Gestos

a saída	exit, way out
o regresso	return
a travessia	crossing *(sea)*
o cruzamento	crossing *(road)*
o passeio	walk
a volta	stroll
o passo	step
o descanso	rest
o salto	jump
o começo	start
passo a passo	step by step
na ponta dos pés	on tiptoe
com pressa	in a rush

as acções

actions

agarrar	to grab; to catch
apanhar [BP pegar]	to catch
baixar	to lower, to pull down
mover	to move
começar	to start
retirar	to remove
fechar	to close
encerrar	to shut
acabar	to finish
terminar	to finish
bater	to hit, to knock
deitar [BP jogar fora]	to throw away
lançar	to throw
deixar cair	to drop
erguer	to raise
levantar	to lift (up)
pôr	to put
colocar [BP botar]	to place, to set
carregar	to carry
trazer	to bring
levar	to take
abrir	to open

pousar	to put down
empurrar	to push
puxar	to pull
levar	to take
ir buscar	to go and get, to fetch
recomeçar	to start again
agachar-se	to squat down
ajoelhar-se	to kneel down
estender-se	to stretch out
esticar-se	to stretch
apoiar-se (contra/em)	to lean (against/on)
sentar-se	to sit down
inclinar-se	to stoop
levantar-se	to get/stand up
debruçar-se (de)	to lean (out of)
descansar	to (have a) rest
virar-se	to turn around
voltar-se	to turn around
apertar	to hold (tight), to squeeze
agarrar-se a	to hang on to
tocar	to touch
arrastar	to drag

as posições

postures

sentado	sitting, seated
de pé	standing
inclinado	leaning
pendurado	hanging
acocorado	squatting
ajoelhado	kneeling
de joelhos	on one's knees
deitado	lying down
deitado de barriga para baixo	lying face down
apoiado (contra/em)	leaning (on/against)
a quatro patas	on all fours
de bruços	face down

os gestos	gestures
olhar para baixo	to look down
baixar os olhos	to lower one's eyes
piscar os olhos	to blink
dar um pontapé a	to kick
dar um soco a	to punch
dar uma bofetada a	to slap
fazer uma careta	to make a face
fazer um sinal	to make a sign
gesticular	to gesticulate
franzir o sobrolho	to frown
encolher (os ombros)	to shrug (one's shoulders)
acenar com a cabeça	to nod
lançar um olhar	to (cast) a glance
erguer os olhos	to look up, raise one's eyes
apontar	to point at
rir	to laugh
sacudir a cabeça	to shake one's head
sorrir	to smile
o bocejo	yawn
a piscadela de olhos	wink
o olhar	glance
o pontapé	kick
o soco	punch
o gesto	gesture
a bofetada	slap
a careta	grimace
a encolhidela de ombros	shrug
o aceno com a cabeça	nod
o movimento	movement
o riso	laugh
a risada	laughter
o sinal	sign
o gesto	gesture
o aviso	signal
o sorriso	smile

fomos para lá de carro
we went there by car

vou para a escola a pé
I walk to school

desceu as escadas a correr
he/she ran downstairs

saí a correr
I ran out

entrou a cambalear
he/she staggered in

caminhámos 10 quilómetros
we walked 10 kilometers

8 A Identificação Pessoal e A Idade

Identity and Age

o nome	**name**
chamar	to call, to name
baptizar	to christen
chamar-se	to be called
assinar	to sign
a identidade	identity
a assinatura	signature
o nome	name
o apelido	surname
o primeiro nome	first name
o nome próprio	first name
o nome de solteira	maiden name
a alcunha	nickname
o diminutivo	pet name, diminutive
os iniciais	initials
o Sr. Vieira	Mr Vieira
a Sra. Vieira	Mrs Vieira
a Menina Vieira	Miss Vieira
os senhores	gentlemen
as senhoras	ladies
a nacionalidade	nationality
o lugar de nascimento	birthplace
a data de nascimento	date of birth
a idade	**age**
jovem	young
velho	old

idoso	elderly
de idade	of age
a infância	childhood
a juventude	youth
a adolescência	adolescence
a terceira idade	old age
a data de nascimento	date of birth
o/a bebé	baby
a criança	child
o/a adolescente	teenager
o adulto/a adulta	adult
os adultos	grown-ups
os pequeninos	little ones
o jovem	young person
os jovens	young people
a rapariga [BP a moça]	girl
o rapaz [BP o garoto]	boy
a pessoa idosa	old person
a mulher idosa	old woman
o homem idoso	old man
os velhos	old people
os idosos	the elderly
o reformado/a reformada	retired person
o/a pensionista	pensioner

os sexos

sexes

a mulher	woman
a senhora	lady
a rapariga	girl
a menina [BP a moça]	girl
o homem	man
o senhor	gentleman
o rapaz	boy
o menino [BP o garoto]	boy
masculino	masculine

feminino	feminine
do sexo masculino	male
do sexo feminino	female

o estado civil	**marital status**
nascer	to be born
morrer	to die
casar-se (com)	to get married (to)
ficar noivo (de)	to get engaged (to)
divorciar-se (de)	to get divorced (from)
romper o noivado	to break off one's engagement
solteiro	single *(man)*
casado	married
noivo	engaged
divorciado	divorced
separado	separated
viúvo	widowed

o marido	husband
a mulher	wife
a esposa	wife, spouse
o ex-marido	ex-husband
a ex-mulher	ex-wife
o noivo/a noiva	fiancé(e)
o viúvo/a viúva	widow/widower
o órfão	orphan
o filho	son
a filha	daughter
o/a filho/a adoptivo/a	adopted son/daughter

a cerimónia	ceremony
o nascimento	birth
o aniversário	birthday
o baptizado	christening
a vida	life
a morte	death
o enterro	funeral

a boda	wedding
o noivado	engagement
o divórcio	divorce

a morada — **address**

viver	to live
habitar	to live
morar	to live, to reside
alugar	to rent
partilhar	to share

o endereço	address
a morada	address, residence
o domicílio	home address
o andar	floor, storey
o piso	floor, storey
o código postal	postcode

o número (da porta)	number
o número de telefone	phone number
a lista telefónica	telephone directory
o proprietário/a proprietária	owner
o senhorio/a senhoria	landlord/landlady
o inquilino/a inquilina	tenant
o vizinho/a vizinha	neighbour

na cidade	in town
nos subúrbios	in the suburbs
no campo	in the country

a religião — **religion**

Católico	Catholic
Protestante	Protestant
Cristão	Christian
Anglicano	Anglican
Hindu	Hindu
Muçulmano	Muslim

Judeu	Jewish
Budista	Buddhist
ateu	atheist

chamo-me Paulo Vieira
my name is Paul Vieira

qual é o seu nome próprio/primeiro nome?
what is your first name?

chama-se Maria
her name is Maria

como se escreve?
how do you spell that?

onde mora (moras)?
where do you live?

moro em Lisboa/em Portugal
I live in Lisbon/in Portugal

moro na rua do Sol, número 8
I live in 8 rua do Sol

é no terceiro andar
it's on the third floor

moro aqui há um ano/desde 2001
I've been living here for a year/since 2001

estou a viver em casa do António
I'm living at Antonio's

quantos anos tem (tens)?
how old are you?

(tenho) vinte (anos)
I'm twenty (years old)

em que ano nasceu (nasceste)?
what year were you born in?

no dia 1 de Março de 1960
the first of March 1960

nasci em Braga em 1968
I was born in Braga in 1968

um bebé de um mês
a one-month-old baby

uma criança de oito anos
an eight-year-old child

um homem de meia-idade
a middle-aged man

uma mulher de uns trinta anos
a woman of about thirty

(ele) deve ter cerca de sessenta anos
he must be in his late fifties

(ela) anda pelos trinta
she's in her thirties

(ele) parece ter dezasseis anos
he looks about sixteen

uma pessoa idosa
an elderly person

Inf **(ela) é uma cota!**
she's ancient!

Note

The word **pelos/pelas** is a contraction of **por** + **os/as**. Its most common meaning is 'by':

escrito pelos autores
written by the authors

But it is also commonly used to convey approximation:

ela anda pelos trinta
she is in her thirties

cheguei pelas onze horas
I arrived around eleven

passear pelas ruas
to wander (around) the streets

See also section

31 FAMILY AND FRIENDS.

9 O Trabalho e As Profissões

Work and jobs

trabalhar	to work
ter a intenção de	to intend to
tencionar	to intend to
tornar-se	to become
interessar-se por	to be interested in
estudar	to study
ser ambicioso	to be ambitious
ter experiência	to have experience
não ter experiência	to lack experience
não ter emprego	to be unemployed
procurar um emprego	to look for work
candidatar-se a um emprego	to apply for a job
recusar	to reject *(offer)*
rejeitar	to reject *(applicant)*
aceitar	to accept
admitir	to take on
encontrar um emprego	to find a job
estar de serviço	to be on duty
ter êxito	to be successful
ganhar	to earn
ganhar a vida	to earn a living
pagar	to pay
tirar férias	to take a holiday
tirar um dia de folga	to take a day off
despedir	to lay off
dispensar	to dismiss
demitir-se	to resign
sair	to leave

reformar-se	to retire
estar em greve	to be on strike
entrar em greve	to go on strike
fazer greve	to strike
difícil	difficult
fácil	easy
interessante	interesting
apaixonante	exciting
desafiador	challenging
gratificante	rewarding
importante	important
útil	useful
exigente	demanding
aborrecido	boring
perigoso	dangerous
desgastante	stressful

as profissões — people at work

o actor/a actriz	actor/actress
o adido/a adida de imprensa	press officer
o aduaneiro/a aduaneira	customs officer
o advogado/a advogada	lawyer
o/a agente de viagens	travel agent
o/a agente imobiliário	estate agent
o/a agricultor(a)	farmer
o alfaiate	tailor
a ama	nanny
o/a animador(a) juvenil	youth worker
o/a apresentador(a) (da rádio/TV)	(radio/TV) presenter
o/a ardina	newsagent
o arquitecto/a arquitecta	architect
o arquitecto/a arquitecta de interiores	interior designer
o artesão/a artesã	craftsman/craftswoman
o/a artista	artist
o/a assistente pessoal	PA

9 O Trabalho e As Profissões

o/a assistente social	social worker
o/a astronauta	astronaut
o astrónomo/a astrónoma	astronomer
o bibliotecário/a bibliotecária	librarian
o bombeiro	firefighter
o cabeleireiro/a cabeleireira	hairdresser
o/a caixa	cashier
o/a camionista	lorry driver
o/a canalizador(a)	plumber
o/a cantor(a)	singer
o capitão	captain
o carpinteiro/a carpinteira	carpenter
o carregador (de mudanças)	removal man
o carteiro/a carteira	postman/postwoman
o/a chefe	boss
o/a chefe da cozinha	chef
o/a cientista	scientist
o cirurgião/a cirurgiã	surgeon
o/a cobrador(a)	conductor
o/a comediante	comedian
o/a comerciante	shopkeeper
o comissário de bordo	flight attendant, steward
o/a construtor(a)	builder
o/a consultor(a)	consultant
o/a consultor(a) de recrutamento	recruitment consultant
o/a contabilista	accountant
o/a corretor(a) da Bolsa	stockbroker
o/a corretor(a) de seguros	insurance broker
o costureiro/a costureira	tailor/dressmaker
o cozinheiro/a cozinheira	cook
o/a decorador(a)	decorator
o/a dentista	dentist
o/a desenhador(a)	designer
o/a desenhador(a) de páginas web	web designer
o/a desenhador(a) gráfico/a	graphic designer
o/a director(a)	director

o/a director(a) (de escola primária)	head teacher *(primary school)*
o/a director(a) (de escola secundária)	head teacher *(secondary school)*
o/a DJ	DJ
o/a gerente	manager
o/a docente universitário/a	(university) lecturer
o/a editor(a)	publisher
o/a educador(a) infantil	nursery teacher
o/a electricista	electrician
o/a embaixador(a)	ambassador
a empregada de quartos	chambermaid
o empregado/a empregada	employee
o empregado/a empregada [BP o garçom]	waiter/waitress
o empregado bancário	bank clerk
o empresário/a empresária	businessman/businesswoman
o enfermeiro/a enfermeira	nurse
o engenheiro/a engenheira	engineer
o/a escritor(a)	writer
o/a estilista	fashion designer
a estrela pop	popstar
o/a estudante	student
o executivo/a executiva	executive
o farmacêutico/a farmacêutica	chemist
o físico/a física	physicist
o/a florista	florist
o fotógrafo/a fotógrafa	photographer
a freira	nun
o funcionário público/a funcionária pública	civil servant
o/a garagista	garage owner
o guia turístico/a guia turística	tourist guide
o homem do lixo	dustman
a hospedeira [BP a aeromoça]	flight attendant, air hostess
o/a instrutor(a)	instructor
o/a intérprete	interpreter

9 O TRABALHO E AS PROFISSÕES

o jardineiro/a jardineira	gardener
o joalheiro/a joalheira	jeweller
o/a jornalista	journalist
o juiz/a juiza	judge
o livreiro/a livreira	bookseller
o/a locutor(a)	newsreader, announcer
o/a maquinista	engine driver
o marinheiro	sailor
o mecânico/a mecânica	garage mechanic
o médico/a médica	doctor
o mensageiro/a mensageira	delivery man/woman
o mineiro/a mineira	miner
o ministro/a ministra	minister *(political)*
o modelo	model
o monge	monk
o/a motorista (de camioneta) [BP de ônibus]	bus driver
a mulher a dias [BP a faxineira]	cleaning lady
o músico/a música	musician
o/a negociante	merchant
o notário/a notária	solicitor, notary
o/a oficial do exército	army officer
o/a oftalmologista	optician
o/a operador(a)	trader
o operário especializado/a operária especializada	(semi-)skilled worker
o/a organizador(a) de eventos	event organizer
o padeiro/a padeira	baker
o padre	priest
a parteira	midwife
o pasteleiro/a pasteleira	confectioner
o pastor	pastor
o patrão/a patroa	boss
o peixeiro/a peixeira	fishmonger
o pescador	fisherman
o piloto/a pilota	pilot
o/a pintor(a)	painter

o/a polícia	police officer
o político/a política	politician
o porteiro/a porteira	janitor, porter
o professor primário/a professora primária	primary-school teacher
o professor secundário/a professora secundária	secondary-school teacher
o/a professor(a) suplente	supply teacher
o/a programador(a)	programmer
o proprietário/a proprietária	owner
o/a psiquiatra	psychiatrist
o psicólogo/a psicóloga	psychologist
o rabi	rabbi
o/a realizador(a) de cinema	film director
o/a recepcionista	receptionist *(in hotel)*
o/a redactor(a)	editor *(of text)*
o/a repórter	reporter
o/a repórter da TV	TV reporter
o/a representante comercial	sales representative
o/a revisor(a)	ticket inspector
o sapateiro/a sapateira	cobbler, shoe repairer
o secretário/a secretária	secretary
o soldado/a soldada	soldier
o/a talhante [BP o açougueiro]	butcher
o/a taxista	taxi driver
o técnico/a técnica	technician
o/a trabalhador(a)	worker, labourer
o trabalhador humanitário/a trabalhadora humanitária	aid worker
o/a tradutor(a)	translator
o/a treinador(a) pessoal	personal trainer
o/a vendedor(a)	salesperson, shop assistant
o verdureiro, a verdureira	greengrocer
o veterinário/a veterinária	vet
o vigário	vicar
o voluntário/a voluntária	volunteer

o mundo do trabalho — the world of work

o/a trabalhador(a)	worker
os trabalhadores	working people
o desempregado/a desempregada	unemployed person
o candidato/a candidata a um emprego	job applicant, candidate
o/a empregador(a)	employer
o empregado/a empregada	employee
o/a empregado/a de escritório	white collar worker
o empregado temporário/a empregada temporária	temp
o/a colega	colleague
a direcção	management
o pessoal	staff, personnel
o/a aprendiz	apprentice
o estagiário/a estagiária	trainee
o/a grevista	striker
o reformado/a reformada	retired person
o/a pensionista	pensioner
o/a sindicalista	trade unionist
o futuro	the future
a carreira	career
a profissão	profession, occupation

o negócio — business

o trabalho	work; job
o emprego	job, position
o emprego com futuro	job with good prospects
o emprego temporário	temporary job
o emprego a tempo parcial	part-time job
a segurança no emprego	job security
as saídas	openings, vacancies
as vagas	vacancies
a situação do emprego	work situation
o posto de trabalho	post, job
o curso (de formação)	training course
a aprendizagem	apprenticeship

a formação	training *(in job)*
as habilitações	qualifications, requirements
as qualificações profissionais	qualifications *(certificates)*
o certificado	certificate
o diploma	diploma
a licenciatura	degree
o emprego	employment
os negócios	business
a indústria	industry
o sector	sector
a empresa	firm
a companhia	company
o escritório	office
o serviço	department
as vendas	sales
o marketing	marketing
os recursos humanos	human resources
a contabilidade	accounts
as finanças	finance
a gestão	management
o serviço (de atendimento) ao cliente	customer service
as relações públicas	PR
a informática	IT
a investigação	research
a fábrica	factory
a oficina	workshop
a loja	shop
o laboratório	laboratory
o armazém	warehouse, store
o trabalho	work
a licença de parto	maternity leave
a licença parental	paternity leave
a licença sem vencimento	unpaid leave
a ausência por doença	sick leave
as férias pagas	paid holidays
o contrato (de trabalho)	contract of employment

9 O Trabalho e As Profissões

empregos oferecem-se	situations vacant
o anúncio	ad(vertisement)
a candidatura a emprego	job application
a candidatura online	online application
a carta de apresentação	covering letter
o CV	CV
o formulário	form
a entrevista	interview
a descrição das funções	job description
os funções	duties
as responsabilidades	responsibilities
o trabalho de equipa	teamwork
a iniciativa	initiative
as competências	skills
o conhecimento	knowledge
a habilidade	ability
motivado	motivated
trabalhador	hard-working
experiente	experienced
de confiança	reliable
conscencioso	conscientious
criativo	creative
dinâmico	dynamic
o salário	salary
o pagamento	pay
a remuneração	wages
o bónus	bonus
o rendimento	income
as regalias	perks
o horário flexível	flexitime
as horas extraordinárias	overtime
a semana de 40 horas	40-hour week
a sexta-feira informal	dress-down Friday
os impostos	taxes
o aumento salarial/de ordenado	(pay) rise
a promoção	promotion

a viagem de negócios	business trip
o subsídio de deslocação	travel allowance
os cheques-refeição	luncheon vouchers
o carro da empresa	company car
o despedimento	redundancy
a pensão	pension
o sindicato	trade union
a greve	strike
o computador	computer
a impressora	printer
o fax	fax machine
o PBX	switchboard
a fotocopiadora	photocopier
os artigos de papelaria	stationery

o que faz ele/ela na vida?
what does he/she do (for a living)?

ele/ela é médico/médica
he's/she's a doctor

o que queres ser quando fores grande?
what would you like to be when you grow up?

que projectos tens para o futuro?
what are your plans for the future?

gostaria de ser artista
I'd like to be an artist

tenho a intenção de estudar medicina
I'm going to study medicine

o mais importante para mim é o salário
the most important thing for me is the pay

(ele) trabalha em publicidade/seguros
he works in advertising/insurance

este emprego tem boas perspectivas
this job has good prospects

---

a falta de segurança no emprego é um problema
lack of job security is a problem

pedi duas horas de folga   *Inf* **pagam-lhe uma ninharia**
I asked for two hours off   they get paid peanuts

Inf **o meu emprego arrasa-me os nervos**
my job really stresses me out

 *Homework help*

Your ambitions

I'd like to be an astronaut.	I'm going to be a...
Gostaria de ser astronauta	**Quero ser...**

I'd like to work with children.
Gostaria de trabalhar com crianças.

I'd like a job where I can help people.
Gostava de ter um trabalho a ajudar os outros.

I'd like a job where I can travel the world.
Gostava de ter um trabalho que me permitisse viajar pelo mundo.

I want to use my languages.	I like a challenge.
Quero usar as minhas línguas.	**Gosto de desafios.**

It's important to have nice colleagues/a good salary.
É importante ter colegas simpáticos/um bom salário.

I want to be rich/famous.
Quero ser rico/famoso.

Happiness is more important than money.
A felicidade é mais importante do que o dinheiro.

Job applications
Asking for work

I would like to apply for the position of...
Gostaria de me candidatar à vaga como...

I would like to apply for a work placement.
Gostaria de me candidatar a um emprego.

I am writing to see if you have any vacancies.
Escrevo a informar-me sobre possíveis vagas.

Please find enclosed my CV.
Junto envio o meu CV.

I am available for an interview.
Estou disponível para uma entrevista.

Your skills and abilities

I am well organized/a good communicator.
Sou uma pessoa bem organizada/boa comunicadora.

I am very reliable/motivated.
Sou uma pessoa muito fiável/motivada.

I work well under pressure.
Trabalho bem sob pressão.

I like meeting people.
Gosto de conhecer pessoas novas.

I enjoy working as part of a team.
Gosto de trabalhar em equipa.

I have excellent IT skills.
Tenho excelentes conhecimentos de informática.

I speak fluent English/Portuguese.
Falo fluentemente inglês/português.

Your experience

I have experience of working in a shop/looking after children.
Tenho experiência a trabalhar numa loja/a tomar conta de crianças.

I have a Saturday job in a café.
Aos sábados trabalho num café.

I write for our school magazine.
Escrevo na revista da escola.

I have designed my own website.
Desenhei o meu próprio website.

10 O Carácter e O Comportamento

Character and behaviour

comportar-se	to behave
controlar-se	to control oneself
obedecer	to obey
desobedecer	to disobey
repreender	to scold
ser repreendido	to be told off
zangar-se	to get angry
pedir desculpa	to apologize
castigar	to punish
permitir	to allow, to permit
deixar	to let
proibir	to forbid
impedir	to prevent
perdoar	to forgive
recompensar	to reward
ousar	to dare
a alegria	cheerfulness, joy
a arrogância	arrogance
a astúcia	craftiness
o carácter	character
o castigo	punishment
a cautela	caution
o ciúme	jealousy
o comportamento	behaviour
a cortesia	politeness
a crueldade	cruelty

a desculpa	apology, excuse
a desobediência	disobedience
a disposição	disposition, nature
o embaraço	embarrassment
o encanto	charm
a gentileza	kindness
a grosseria	coarseness
a habilidade	skilfulness
a honestidade	honesty
o humor	humour; mood
a impaciência	impatience
a insolência	insolence
a inteligência	intelligence
a intolerância	intolerance
a inveja	envy
a maldade	naughtiness
a malícia	mischief, malice
a obediência	obedience
o orgulho	pride
a paciência	patience
a preguiça	laziness
o rancor	spite
a recompensa	reward
a repreensão	telling-off
o ressentimento	resentment
a rudeza	rudeness
o senso de humor	sense of humour
a timidez	shyness, timidity
a tristeza	sadness
a vaidade	vanity
a vergonha	shame
aborrecido	boring/bored
activo	active
agradável	pleasant, nice
alegre	cheerful, joyful

amável	friendly
amistoso	friendly
antipático	unpleasant, disagreeable
arrogante	arrogant
arrumado	tidy
astuto	astute, smart
bom	good
brincalhão	naughty
calmo	calm
cauteloso	cautious
ciumento	jealous
compreensivo	understanding
cortês	polite, courteous
cruel	cruel
curioso	curious
desajeitado	clumsy
desarrumado	untidy
descortês	rude
desobediente	disobedient
desolado	sorry
destrambelhado	scatterbrained
discreto	discreet
distraído	absent-minded
divertido	amusing, funny
educado	polite, well brought-up
embaraçado	embarrassed
encantador	charming
espirituoso	witty
estranho	strange
estúpido	stupid
extrovertido	outgoing
falador	talkative
falso	false
feliz	happy
fiável	reliable
formidável	terrific

gabarola	boastful
gay	gay
gentil	kind
grosseiro	rude, coarse
hábil	skilful
heterossexual	straight, heterosexual
honesto	honest
impaciente	impatient
impulsivo	impulsive
indiferente	indifferent
infeliz	unhappy
ingénuo	naïve
insolente	insolent, cheeky
instintivo	instinctive
insuportável	unbearable
inteligente	intelligent
intolerante	intolerant
invejoso	envious
irritante	annoying
louco	mad
mau	bad, nasty
modesto	modest
natural	natural
obediente	obedient
obstinado	stubborn
optimista	optimistic
orgulhoso	proud
paciente	patient
pessimista	pessimistic
pobre	poor
pouco fiável	unreliable
preguiçoso	lazy
prudente	careful
razoável	reasonable, sensible
respeitável	decent, respectable
sagaz	shrewd, smart

seguro de si	(self-)confident
sensacional	terrific
sensato	sensible
sensitivo	touchy
sensível	sensitive
sério	serious
simpático	nice
surpreendente	surprising
temperamental	moody
tímido	shy
tolerante	tolerant
tonto	silly
trabalhador	hard-working
tranquilo	quiet
travesso	mischievous
triste	sad
vaidoso	vain
valente	brave
zangado	angry

ele/ela está de (muito) bom/mau humor
he's/she's in a (very) good/bad mood

ele/ela tem um bom/mau carácter
he/she is good-/ill-natured

acho-a muito simpática
I think she's very nice

lamento (imenso)
I'm (really) sorry

peço-lhe muita desculpa
I do apologize

desculpe incomodá-lo
I'm sorry to disturb you

ele/ela pediu desculpa ao professor pela sua insolência
he/she apologized to the teacher for being cheeky

ele/ela aceitou as minhas desculpas
he/she accepted my apologies

***Inf* roeu-se de inveja quando viu a minha roupa nova!**
she was green with envy when she saw my new outfit!

Note

False friend: the Portuguese word compreensivo means 'understanding'. The word for 'comprehensive' (in the sense of complete, inclusive) is abrangente.

11 AS EMOÇÕES

EMOTIONS

a ira — anger

zangar-se com	to become angry with
perder a paciência	to lose one's temper
estar zangado	to be angry
estar louco de raiva	to be fuming
indignar-se com	to become indignant at
excitar-se	to get excited
enervar-se	to get worked up
gritar	to shout
bater	to hit
esbofetar	to slap

a ira	anger
a raiva	anger, rage
a indignação	indignation
a tensão	tension
o stress	stress
o grito	cry, shout

irritado	annoyed, upset
zangado	angry
furioso	furious
rabugento	sulky
aborrecido	upset, boring/bored
irritante	annoying

a tristeza — sadness

chorar	to weep, to cry
desatar a chorar	to burst into tears
soluçar	to sob
suspirar	to sigh

ser afligido (por)	to be distressed (by)
chocar	to shock
consternar	to dismay
desiludir	to disappoint
desconcertar	to disconcert
deprimir	to depress
emocionar	to move
atingir	to touch
afectar	to affect
perturbar	to disturb, to trouble
condoer-se de	to take pity on
reconfortar	to comfort
consolar	to console
a mágoa	sadness
a dor	grief
a tristeza	sorrow, sadness
a decepção	disappointment
o desespero	despair
a depressão	depression
as saudades	homesickness
a nostalgia	nostalgia; homesickness
a melancolia	melancholy
o sofrimento	suffering
o fracasso	failure
o azar	bad luck
a desgraça	misfortune
a lágrima	tear
o soluço	sob
o suspiro	sigh
triste	sad
destroçado	shattered
desapontado	disappointed
deprimido	depressed
desolado	distressed
emocionado	moved, touched

melancólico	gloomy
de coração desfeito	heartbroken

o medo e a preocupação — fears and worries

ter medo (de)	to be frightened (of)
assustar(-se)	to frighten (oneself)
preocupar-se (com)	to worry (about)
tremer	to tremble
temer	to dread

o terror	terror, dread
o medo	fright, terror
o arrepio	shiver
o choque	shock
os problemas	trouble
as preocupações	anxieties
o problema	problem

temeroso	fearful
amedrontado	afraid
assustador	frightening
morto de medo	petrified
inquieto	worried
nervoso	nervous, tense
ansioso	anxious

a alegria e a felicidade — joy and happiness

divertir-se	to enjoy onself
estar encantado (com)	to be delighted (about)
rir (de)	to laugh (at)
desatar a rir	to burst out laughing
ter um ataque de riso	to have the giggles
sorrir	to smile
abraçar	to hug
beijar	to kiss

a alegria	cheerfulness, joy
a felicidade	happiness

a satisfação	satisfaction
o amor	love
o amor à primeira vista	love at first sight
o gosto	liking
a sorte	luck
o êxito	success
a surpresa	surprise
o prazer	pleasure
o riso	laugh, laughter
o ataque de riso	burst of laughter
o sorriso	smile
o abraço	hug
o beijo	kiss
carinhoso	affectionate
encantado	pleased
alegre	happy
contente	happy, content
feliz	happy
apaixonado	in love

---

ele/ela assustou-o
he/she frightened him

ele/ela tem medo de cães
he's/she's scared of dogs

tenho muitas saudades/sinto muito a falta do meu irmão
I miss my brother very much

não tenho nenhumas saudades de casa
I'm not homesick at all

ela tem sorte!
lucky her!

que sorte!
what a stroke of luck!

ele está apaixonado pela Paula
he's in love with Paula

Inf **o meu pai foi aos arames**
my dad went ballistic

Inf **parto-me a rir com as piadas dele!**
his jokes crack me up!

---

12 OS SENTIDOS
THE SENSES

a visão	**sight**
ver	to see
olhar (para)	to look at, to watch
observar	to observe
examinar	to examine
perscrutar	to scan
rever	to see again
entrever	to catch a glimpse of
relancear	to glance at
dar uma vista de olhos	to have a (quick) look at
olhar fixamente	to stare at
espreitar	to peek at
acender (a luz)	to switch on (the light)
apagar (a luz)	to switch off (the light)
encandear,	to dazzle
cegar	to blind
aparecer	to appear
desaparecer	to disappear
reaparecer	to reappear
ver televisão	to watch TV
o olho	eye
a visão	sight *(view, sense)*
a vista	view
o espectáculo	sight *(scene)*; show
a cor	colour
a luz	light
a claridade	light *(as opposed to darkness)*
a sombra	shade
o brilho	brightness

a escuridão	darkness
os óculos	glasses
os óculos de sol	sunglasses
as lentes de contacto	contact lenses
a lupa	magnifying glass
os binóculos	binoculars
o microscópio	microscope
o telescópio	telescope
o braille	Braille
brilhante	bright
claro	light
ofuscante	dazzling
obscuro	dark

a audição

hearing

ouvir	to hear
escutar	to listen to
sussurrar	to whisper
cantar	to sing
cantarolar	to hum
assobiar	to whistle
zumbir	to buzz
roçagar	to rustle
ranger	to creak
tocar	to ring
trovejar	to thunder
ensurdecer	to deafen
calar-se	to be silent
bater com a porta	to slam the door
a orelha	ear *(in general)*
o ouvido	(inner) ear
a audição	hearing
o barulho	noise
a som	sound
a algazarra	racket

a zoeira	din
o eco	echo
o sussurro	whisper
a voz	voice
a canção	song
o canto	singing
o zumbido	buzzing
o crepitar	crackling
a explosão	explosion
o rangido	creaking
o toque	ringing *(of doorbell)*
o tocar	ringing *(of telephone)*
o farfalhar	rustling
o baque	thump, thud, plop
o trovão	thunder
o altifalante	loudspeaker
o sistema sonoro	public address system
o sistema de intercomunicação	intercom
os auriculares	earphones
os auscultadores	headphones
as colunas	speakers
o leitor de CD	CD player
o leitor de CD pessoal	personal CD player
o walkman	personal stereo, Walkman®
o leitor de MP3	MP3 player
o rádio	radio
o código Morse	Morse code
os tampões para os ouvidos	earplugs
o aparelho auditivo	hearing aid
barulhento	noisy
ruidoso	noisy
silencioso	silent
forte	loud
alto	loud
agudo	shrill

baixo	low
fraco	faint
ensurdecedor	deafening
surdo	deaf
duro de ouvido	hard of hearing

o tacto

touch

tocar	to touch
sentir	to feel
acariciar	to stroke
fazer cócegas	to tickle
esfregar	to rub
bater	to knock, to hit
arranhar	to scratch
o toque	touch
a carícia	stroke
a bofetada	blow
o aperto de mão	handshake
a ponta dos dedos	fingertips

liso	smooth
rugoso	rough
macio	soft
áspero	hard
frio	cold
morno	warm
quente	hot

o paladar

taste

provar	to taste *(sample)*
beber	to drink
comer	to eat
lamber	to lick
sorver	to sip
devorar	to gobble up
saborear	to savour
engolir	to swallow

mastigar	to chew
salgar	to salt
adoçar	to sweeten
condimentar	to add spices to
o paladar	taste *(sense)*
o gosto	taste *(flavour)*
a boca	mouth
a língua	tongue
a saliva	saliva
as papilas gustativas	taste buds
o apetite	appetite
apetitoso	appetizing
delicioso	delicious
gostoso	tasty
desagradável	horrible
doce	sweet
salgado	salted, salty
ácido	tart
azedo	sour
amargo	bitter
condimentado	highly seasoned
picante	spicy, hot
forte	strong
insosso	tasteless
insípido	bland

o olfacto   smell

cheirar	to smell
cheirar a	to smell of
farejar	to sniff
feder	to stink
perfumar	to perfume
cheirar bem/mal	to smell nice/awful
(o sentido do) olfacto	(sense of) smell
o odor	smell
o cheiro	scent

o perfume	perfume
o aroma	aroma
a fragrância	fragrance
o fedor	stench
o fumo	smoke
o nariz	nose
as narinas	nostrils
perfumado	scented, perfumed
fragante	fragrant
fedorento	stinking
fétido	fetid, rotten
enfumarado	smoky
inodoro	odourless

---

está escuro na cave
it's dark in the cellar

é macio (ao toque)
it feels soft

ouvi a criança a cantar
I heard the child singing

sentiu (sentiste) gás?
did you smell gas?

faz crescer água na boca
it makes my mouth water

este café sabe a sabão
this coffee tastes of soap

este chocolate tem um gosto estranho
this chocolate tastes funny

esta sopa não sabe a nada
this soup doesn't taste of anything

esta sala cheira a fumo
this room smells of smoke

está abafado aqui dentro
it's stuffy in here

Inf **não vejo patavina sem as lentes de contacto**
I'm as blind as a bat without my contacts

Inf **tens de gritar, é surdo que nem uma porta**
you'll have to shout, he's as deaf as a post

Inf **estas meias cheiram a chulé!**
these socks stink!

Inf **o apartamento deles tresanda a tabaco**
their flat stinks of smoke

Note

The construction 'a + infinitive' is typical of European Portuguese.
The preferred construction in Brazil is more similar to the English,
using the present participle, or gerund ('-ing' form in English):

ouvi a criança a cantar [BP ouvi a criança cantando]
I heard the child singing

See also sections

**4 THE HUMAN BODY, 6 HEALTH, ILLNESSES AND DISABILITIES
15 FOOD** *and* **64 COLOURS.**

13 AS PREFERÊNCIAS E AS AVERSÕES

LIKES AND DISLIKES

gostar (de)	to like
amar	to love
adorar	to adore
gostar muito de	to be fond of
gostar imenso (de)	to like a lot
apreciar	to appreciate
estar agradecido (por)	to be grateful (for)
sentir vontade de	to feel like
necessitar	to need
precisar de	to require, need
querer	to want
desejar	to wish (for)
esperar	to hope (for)
odiar	to hate
detestar	to detest
desprezar	to despise
preferir	to prefer
escolher	to choose
decidir	to decide
comparar	to compare
o amor	love
a inclinação	liking
a tendência	liking
a necessidade	need
o desejo	wish
a repugnância	loathing
o ódio	hate

13 As Preferências e As Aversões

o desprezo	contempt
a escolha	choice
a comparação	comparison
a preferência	preference
o contrário	contrary
o oposto	opposite
o contraste	contrast
a diferença	difference
a semelhança	similarity
comparável	comparable
diferente (de)	different (from)
igual (a)	equal (to)
idêntico (a)	identical (to)
o mesmo (que)	the same (as)
em comparação com	in comparison with
em relação a	in relation to
mais	more
menos	less
muito	a lot
enormemente	enormously
muito	a great deal (of)
muito mais/menos	a lot more/less
muitíssimo mais/menos	quite a lot more/less

este livro agrada-me, gosto deste livro
I like this book

gosto muito de representar
I really like doing drama

gosto muito de te ver!
I'm very pleased to see you!

o vermelho é a minha cor preferida
red is my favourite colour

prefiro o café ao chá
I prefer coffee to tea

prefiro ficar em casa
I'd rather stay at home, I prefer staying at home

tenho vontade de sair hoje à noite
I feel like going out tonight

Inf **não suporto esse tipo**   *Inf* **gosta (gostas) dele?**
I can't stand that guy   do you fancy him?

Note

False friend: the Portuguese verb suportar means 'to stand, to bear':
não o suporto
I can't stand him

The word for 'to support', in the sense of 'to hold up', is apoiar.

acordar	to wake up
levantar-se	to get up
espreguiçar-se	to stretch
bocejar	to yawn
estar meio a dormir	to be half asleep
dormir demais	to oversleep
abrir as cortinas/as persianas	to open the curtains/shutters
erguer o estor	to pull up the blind
acender a luz	to switch the light on
ir à casa de banho [BP ao banheiro]	to go to the bathroom/toilet
lavar-se	to wash
tomar banho	to have wash, to have a bath/shower
lavar a cara	to wash one's face
lavar as mãos	to wash one's hands
escovar/lavar os dentes	to brush one's teeth
lavar o cabelo	to wash one's hair
tomar (um) duche	to have a shower
tomar (um) banho	to have a bath
ensaboar-se	to soap oneself
secar-se	to dry oneself
secar as mãos	to dry one's hands
fazer a barba	to shave
vestir-se	to get dressed
arranjar o cabelo	to do one's hair
pentear o cabelo	to brush one's hair
maquilhar-se [BP maquilar]	to put on one's make-up
pôr as lentes de contacto	to put one's contact lenses in

fazer a cama	to make the bed
tomar o pequeno-almoço [BP café da manhã]	to have breakfast
dar comida ao gato/cão [BP cachorro]	to feed the cat/dog
regar as plantas	to water the plants
preparar-se	to get ready
sair da casa	to leave the house
ir para a escola	to go to school
ir para o trabalho	to go to work
apanhar o autocarro [BP pegar o ônibus]	to catch the bus
voltar/ir para casa	to come/go home
voltar da escola	to come back from school
voltar do trabalho	to come back from work
fazer os trabalhos de casa	to do one's homework
descansar	to have a rest
fazer uma soneca	to have a nap
fazer a sesta	to have an afternoon nap
lanchar	to have an afternoon snack
ver televisão	to watch television
ler	to read
brincar	to play
jantar	to have dinner
fechar a porta à chave	to lock the door
despir-se	to undress
fechar as cortinas	to draw the curtains
baixar os estores	to pull down the blinds
ir para a cama	to go to bed
deitar-se	to go to bed, to lie down
aconchegar	to tuck in *(bed)*
pôr o despertador	to set the alarm (clock)
apagar a luz	to switch the light off
adormecer	to fall asleep
dormir	to sleep

dormir bem/mal	to sleep well/badly
dormitar	to doze
sonhar	to dream
ter insónias	to suffer from insomnia
passar uma noite em branco	to have a sleepless night
habitualmente	usually
de manhã	in the morning
à noite	in the evening
todas as manhãs	every morning
a seguir	then, after that
logo	then
depois	afterwards

a higiene pessoal — personal hygiene

o sabonete	soap
a toalha	towel
a toalha de banho	bath towel
a toalha de mãos	hand towel
a luva	flannel
a esponja	sponge
a escova	brush
o pente	comb
a navalha de barba	razor
a escova de dentes	toothbrush
o dentífrico	toothpaste
o champô	shampoo
o amaciador	conditioner
o gel de banho	shower gel
o banho de espuma	bubble bath
o desodorizante [BP o desodorante]	deodorant
a loção corporal	body lotion
o papel higiénico	toilet paper
o secador de cabelo	hairdryer
a balança	scales

ontem pus o despertador para as sete (horas)
yesterday I set my alarm (clock) for seven

sou madrugador(a)
I'm an early riser

deito-me cedo/tarde
I go to bed early/late

Inf **dormi como uma pedra**
I slept like a log

Inf **não preguei olho**
I didn't sleep a wink

Inf **estou estoirado**
I'm shattered

Note

Note that the Portuguese preposition em is often translated as 'at', rather than 'in':

em casa
at home

na escola
at school

In the second sentence, na is the contraction of em + a.

 ## Homework help

First...	Then...
Primeiro...	**Então...**
Next...	After that...
Em seguida..., Depois...	**Depois disso...**
I always...	I never...
(Eu) sempre...	**(Eu) nunca...**
I usually...	I sometimes...
(Eu) habitualmente...	**(Eu) por vezes...**
Before school...	After school...
Antes da escola...	**Depois da escola...**

At lunchtime...	On Mondays...
À hora de almoço...	**Às segundas...**
At the weekend...	I have to...
No fim-de-semana...	**Tenho de...**
I'm allowed to/not allowed to...	
Posso/não posso...	

See also sections

> **15 FOOD, 17 HOUSEWORK, 23 MY ROOM** *and* **56 ADVENTURES AND DREAMS.**

15 A Alimentação

Food

comer	to eat
beber	to drink
provar	to taste *(sample)*
tomar o pequeno-almoço [BP o café da manhã]	to have breakfast
almoçar	to have lunch
jantar	to have dinner
cozinhar	to cook
fazer	to make
ser vegetariano	to be vegetarian
ser vegetalista	to be vegan
estar de dieta	to be on a diet
a receita	recipe
os alimentos biológicos	organic food
os alimentos geneticamente modificados	GM food
os alimentos saudáveis	health foods
magro	low-fat
com baixo teor de calorias	low-calorie

as refeições

meals

o pequeno-almoço [BP o café da manhã]	breakfast
o jantar	dinner, evening meal
a ceia	dinner, evening meal
o almoço	lunch
a refeição ligeira	snack
o lanche	afternoon snack

o piquenique	picnic
a refeição pronta	ready meal

os pratos — courses

o aperitivo	appetizer
o acepipe	starter
a entrada	starter
o prato principal	main course
os legumes	vegetables
a sobremesa	dessert
o doce	dessert
as frutas	fruit
o queijo	cheese

as bebidas — drinks

a água	water
a água mineral (com/sem gás)	(sparkling/still) mineral water
o leite	milk
o leite magro (meio gordo)	(semi-)skimmed milk
o chá (com limão)	tea (with lemon)
o chá de limão	lemon infusion
o chá com leite	tea with milk
o café [BP o cafezinho]	black (espresso) coffee
o café com leite	white coffee
o galão	milky coffee in a glass
a bica	black (espresso) coffee
a meia de leite	large milky coffee
o carioca	weak espresso
o garoto	small white coffee
o pingado	small coffee with drop of milk
o cheirinho	espresso with drop of brandy
a tisana	herbal tea
a infusão	herbal tea, infusion
o chá de camomila	camomile tea
o chocolate (quente)	(hot) chocolate
a bebida sem álcool	non-alcoholic drink
o refrigerante	soft drink

o refrigerante com gás	fizzy drink
a bebida energética	energy drink
a laranjada	orangeade
o sumo de laranja	orange juice
o sumo de laranja natural	fresh orange juice
o sumo de maçã	apple juice
a Coca-cola®	Coke®
a limonada	lemonade
a água tónica	tonic water
a bebida alcoólica	alcoholic drink
a cerveja	beer
a cerveja preta	stout
a cerveja branca	lager
o fino [BP o chope]	small draught beer
a cidra	cider
o vinho tinto/branco/rosé	red/white/rosé wine
o vinho verde	young "green" wine
o champanhe	champagne
as bebidas brancas	spirits
o aperitivo	aperitif, -pre-dinner drink
os licores	liqueurs
o uísque (de malte)	(malt) whisky
o conhaque	brandy
o aguardente [BP a cachaça]	strong brandy
o cocktail	cocktail

os temperos e as especiarias

seasonings and spices

o sal	salt
a pimenta	pepper
o açúcar	sugar
a mostarda	mustard
o vinagre	vinegar
o óleo	oil
o alho	garlic
a cebola	onion
as especiarias	spices

as ervas	herbs
a salsa	parsley
o tomilho	thyme
o manjericão	basil
a hortelã	mint
o alecrim	rosemary
a salva	sage
os coentros	coriander
a canela	cinnamon
o louro	bay leaf
a noz moscada	nutmeg
o cravinho	clove
o pimentão picante	chilli (pepper)
o piri-piri	piri-piri, hot chilli
o colorau	paprika
o açafrão	saffron
o molho	sauce
a maionese	mayonnaise

o pequeno-almoço [BP o café da manhã]   breakfast

o pão	bread
o pão integral	wholemeal bread
a baguete	baguette, French stick
o pãozinho	roll
o pão e a manteiga	bread and butter
a fatia de pão com compota	slice of bread and jam
(a fatia de) torrada	(slice of) toast
o croissant	croissant
os biscoitos	biscuits
as bolachas	biscuits
a manteiga	butter
a margarina	margarine
o doce	jam
a compota (de laranja amarga)	marmalade
a geléia	jam
a marmelada	quince jam

o mel	honey
a manteiga de amendoím	peanut butter
o cereal	cereal
os flocos de milho	cornflakes
o músli	muesli
os flocos de aveia	porridge oats
o iogurte	yoghurt
o queijo fresco	cream cheese
o requeijão	cottage cheese

a fruta — fruit

a peça de fruta	piece of fruit
a maçã	apple
a pêra	pear
o damasco	apricot
o pêssego	peach
a ameixa	plum
a nectarina	nectarine
o melão	melon
a melancia	watermelon
o ananás [BP abacaxi]	pineapple
a banana	banana
a laranja	orange
a toranja	grapefruit
a tangerina	tangerine
o limão	lemon
o morango	strawberry
a framboesa	raspberry
a amora	blackberry
a groselha	redcurrant
a groselha preta	blackcurrant
a cereja	cherry
o cacho de uvas	bunch of grapes

os legumes — vegetables

o legume	vegetable
as ervilhas	peas

o feijão verde	green bean
o alho porro	leek
a batata	potato
o puré de batata	mashed potatoes
as batatas cozinhadas com casca	jacket potatoes
as batatas assadas/cozidas	roast/boiled potatoes
as batatas fritas	chips
a cenoura	carrot
a couve	cabbage
os grelos	spring greens
as couves-de-bruxelas	Brussels sprouts
a erva-doce	fennel
a alface	lettuce
o espinafre	spinach
os cogumelos	mushrooms
a alcachofra	artichoke
o espargo	asparagus
o pimento (verde/vermelho)	(green/red) pepper
a beringela	aubergine
os bróculos	broccoli
a courgette	courgette
o milho	corn
os rabanetes	radishes
o tomate	tomato
o pepino	cucumber
o abacate	avocado
as favas	beans
as lentilhas	lentils
os grãos-de-bico	chickpeas
a salada	salad
o arroz	rice
a carne	**meat**
o porco	pork
a vitela	veal
a vaca	beef
o borrego	lamb

o carneiro	mutton
o frango	chicken
o peru	turkey
o ganso	goose
o pato	duck
as aves	poultry
o javali	wild boar
o coelho	rabbit
o cabrito	kid
o leitão	suckling pig
o bife	steak
o escalope	escalope
o assado	joint
o rosbife	roast beef
a perna de borrego	leg of lamb
o estufado	stew
a carne picada	mince
o hambúrguer	hamburger
o rim	kidney
o fígado	liver
o presunto	smoked ham
o paté	pâté
a morcela	black pudding
a salsicha	sausage
o chouriço	spicy sausage
o toucinho	bacon

o peixe — fish

o bacalhau	(dried) cod
o arenque	herring
as sardinhas	sardines
o linguado	sole
o atum	tuna
a truta	trout
o salmão (fumado)	(smoked) salmon
o salmonete	red mullet
a pescada	hake

o peixe-espada	scabbard
o espadarte	swordfish
os mariscos	seafood
a lagosta	lobster
o caranguejo	crab
as ostras	oysters
os camarões	prawns
os mexilhões	mussels
os moluscos	clams
a lula	squid
o polvo	octopus

os ovos — eggs

o ovo	egg
o ovo cozido	(hard-)boiled egg
o ovo estrelado	fried egg
os ovos escalfados	poached eggs
os ovos mexidos	scrambled eggs
os ovos com presunto	ham and eggs
a omeleta	omelette

as massas — pasta

a massa	pasta
o esparguete	spaghetti
o macarrão	macaroni

os pratos quentes — hot dishes

a sopa	soup
a sopa de aletria	noodle soup
o borrego assado	roast lamb
as almôndegas	meatballs
o porco/frango assado	roast pork/chicken
a carne de vaca estufada	beef casserole
o leitão assado	roast suckling pig
a feijoada	bean stew
o arroz de marisco	seafood rice
o bife a cavalo	steak with fried egg
as tripas	tripe

cozinhado	cooked
passado	cooked
muito bem passado	overdone
bem passado	well done
em sangue	rare
no ponto	medium
panado	cooked in breadcrumbs
recheado	stuffed
frito	fried
cozido	boiled
assado	roast

as sobremesas — desserts

a tarte de maçã	apple tart
as natas (batidas)	(whipped) cream
a salada de frutas	fruit salad
o pudim	crème caramel
o gelado [BP o sorvete]	ice-cream
a mousse de chocolate	chocolate mousse

os doces — sweet things

chocolate de leite/preto amargo	milk/plain chocolate
a tablete de chocolate	chocolate bar
a bolacha [BP o biscoito]	biscuit
o bolo	cake
os pastéis	pastries
os chocolates	chocolates
o picolé	ice lolly
os bombons	sweets
os bombons de hortelã	mints
os rebuçados [BP as balas]	sweets
o chiclete	chewing gum
o chupa-chupa	lollipop

os sabores — tastes

doce	sweet
saboroso	tasty

salgado	savoury; salty
amargo	bitter
ácido	sour
condimentado	spicy
forte	strong
picante	hot, spicy
insosso	tasteless
insípido	bland

bom apetite/proveito!
enjoy your meal!

o que vai (vais) comer?
what are you having?

quero...
I'll have...

não como carne/peixe
I don't eat meat/fish

sou alérgico a frutos secos
I'm allergic to nuts

as batatas-fritas fazem mal (à saúde)
chips are bad for you

a fruta faz bem (à saúde)
fruit is good for you

Inf **que tal chinês?**
shall we go for a Chinese?

Inf **estou morto de fome!**
I'm starving!

Inf **estou cheio**
I'm stuffed

Note

False friend: the Portuguese word o lanche refers to an afternoon snack. The word for 'lunch' is o almoço.

Watch out also for the word a pasta: it refers to a briefcase or folder, not food! The word for 'pasta' is a massa.

 Homework help

We should eat more/less....
Devíamos comer mais/menos...

It's important to... **É importante...**	eat healthy food. **ter uma alimentação saudável.**
	eat five portions of fruit and vegetables a day. **comer cinco porções de fruta e legumes por dia.**
	have a balanced diet. **ter uma alimentação equilibrada.**
	know how to cook. **saber cozinhar.**
But... **Mas...**	children don't like vegetables. **as crianças não gostam de legumes.**
	people don't have time to cook. **as pessoas não têm tempo para cozinhar.**
	I don't know how to cook. **eu não sei cozinhar.**
	organic food is too expensive. **os alimentos biológicos são demasiado caros.**
	I like junk food. **eu gusto de junk-food.**
	too much salt/fat isn't healthy. **demasiado sal/demasiada gordura não é saudável.**
I think... **Acho que...**	we should learn to cook at school. **devíamos aprender a cozinhar na escola.**

	buying ready meals is lazy. **é preguiça comprar comida pronta.**
	school dinners are awful. **a comida da cantina da escola é horrível.**
	it's ok to eat junk food occasionally. **não faz mal comer junk-food de vez em quando.**
I'm vegetarian because... **Sou vegetariano porque...**	it's cruel to kill animals. **é cruel matar animais.**
	I don't like meat. **não gosto de carne.**
	vegetarian food is healthier. **a comida vegetariana é mais saudável.**
	eating meat is against my religion. **comer carne é contra a minha religião.**
I don't eat chocolate because... **Não como chocolates porque...**	it's fattening. **engordam.**
	I'm on a diet. **estou de dieta.**
	I don't like sweet things. **não gosto de doces.**
	I'm allergic to dairy products. **sou alérgico a lacticínios.**

See also sections

5 HOW ARE YOU FEELING?, 17 HOUSEWORK, 62 QUANTITIES *and* **63 DESCRIBING THINGS.**

16 O Tabaco

SMOKING

o tabaco	**tobacco**
fumar	to smoke
acender	to light
apagar	to put out
esmagar	to stub out
o cigarro	cigarette
o charuto	cigar
o cachimbo	pipe
o maço de cigarros	packet of cigarettes
a bolsa de tabaco	packet of tobacco
o tabaco de enrolar	loose tobacco
as mortalhas	cigarette papers
o isqueiro	lighter
o fósforo	match
a caixa de fósforos	box of matches
a cinza	ash
o cinzeiro	ashtray
a beata	stub
a fumada	smoke
o fumo	smoke
o fumador	smoker
o não fumador	non-smoker
proibido fumar	no smoking
a área para fumadores	smoking area
a proibição de fumar	smoking ban
a pausa para fumar	cigarette break
o fumo passivo	passive smoking

tem (tens) lume? have you got a light?	**alguém tem um cigarro?** has anyone a cigarette?
fumador ou não fumador? smoking or non-smoking?	
não é permitido fumar no restaurante smoking is not permitted in the restaurant	

Homework help

I don't smoke. **Não fumo.**	I don't approve of smoking. **Sou contra o tabaco.**

I smoke about ... cigarettes a day/a week.
Fumo cerca de ... cigarros por dia/por semana.

I'm in favour of/against the smoking ban.
Sou a favor/contra a proibição de fumar.

Some people... **Algumas pessoas**	think smoking is cool. **acham que fumar é fixe.**
	smoke because their friends do. **fumam porque os amigos fumam.**
	say the smoking ban is unfair. **dizem que é injusto proibir de fumar.**
But... **Mas...**	smoking is bad for your health. **fumar faz mal à saúde.**
	smoking can cause cancer. **fumar causa cancro.**

passive smoking is dangerous.
o fumo passivo é perigoso.

cigarettes are expensive.
os cigarros são caros.

In my opinion...
Na minha opinião...

cigarettes smell horrible.
os cigarros cheiram mal.

smoking should be banned in pubs.
devia ser proibido fumar nos bares.

people should be allowed to smoke where
 they want.
as pessoas deviam poder fumar onde querem.

See also section

34 TOPICAL ISSUES.

17 O Trabalho Doméstico

HOUSEWORK

ser arrumado	to be tidy *(person)*
estar arrumado	to be tidy *(place)*
ser desarrumado	to be messy *(person)*
estar desarrumado	to be messy *(place)*
ocupar-se das tarefas domésticas	to do the housework
cozinhar	to cook
preparar o almoço/jantar	to make lunch/dinner
lavar a louça	to do the washing-up
lavar a roupa	to do the washing
limpar	to clean
polir	to polish
varrer	to sweep
limpar o pó	to dust
aspirar	to vacuum
lavar	to wash
enxaguar	to rinse
enxugar	to dry *(dishes)*
limpar (com pano)	to wipe
arrumar	to tidy up, to put away
fazer as camas	to make the beds
preparar	to prepare
cortar	to cut
cortar às fatias	to slice
ralar	to grate
pelar	to peel
ferver, estar a ferver	to boil, to be boiling
fritar	to fry

assar	to roast
torrar	to toast
pôr a mesa	to set the table
levantar a mesa	to clear the table
passar a ferro	to iron
remendar	to mend, to repair
ajudar	to help
dar uma mão	to give a hand

os trabalhadores domésticos
people who work in the house

a dona de casa	housewife
a mulher a dias [BP a faxineira]	cleaner
o ajudante	home help
a criada	maid
a au pair	au pair girl
o/a baby-sitter	babysitter

os electrodomésticos
electrical appliances

a electricidade	electricity
o gas	gas
o fogão	cooker
o forno	oven
o (forno) microondas	microwave (oven)
o frigorífico [BP a geladeira]	fridge
o congelador	freezer
a máquina de lavar louça	dishwasher
a máquina de lavar roupa	washing machine
a centrifugadora	spin-dryer
o aspirador	vacuum cleaner
o ferro de engomar	iron
a máquina de costura	sewing machine
o utensílio	gadget
a batedeira	mixer
a varinha mágica	blender
o robô de cozinha	food processor
o moinho de café	coffee grinder

a torradeira	toaster
a chaleira eléctrica	electric kettle
a máquina de café	coffee machine
a sanduicheira	sandwich toaster
a balança de cozinha	kitchen scales

os utensílios — household items

a tábua de passar a ferro	ironing board
a vassoura	broom
a pá de lixo	dustpan
a escova	brush
o pano	rag, cloth
o pano de pó	duster
o pano da louça	dishtowel
o escorredor da louça	dish drainer
a pega/luva de forno	oven glove
a esfregona	mop
o balde	bucket
a pia [BP o sanitário]	basin
a escova de sanita	toilet brush
os produtos de limpeza	cleaning products
a lexívia	bleach
o purificador do ar	air freshener
o detergente de louça	washing-up liquid
o detergente de roupa em pó	washing powder
o amaciador de roupa	fabric softener
o estendal de pé	clothes horse
o pregador [BP o prendedor]	clothes peg
o cesto da roupa	laundry basket

a panela	pot
a caçarola [BP a panela]	saucepan, pan
a frigideira	frying pan
a panela de ir ao forno	casserole dish
a panela de pressão	pressure cooker
a tampa	lid

a forma para bolos	cake tin
o coador	colander
a concha (de sopa)	ladle
a espátula	spatula
a colher de pau	wooden spoon
o rolo da massa	rolling pin
a tábua de cortar	chopping board
a faca de pão	bread knife
o descascador	potato peeler
o abre-latas	tin opener
o abre-garrafas [BP o abridor]	bottle opener
o saca-rolhas	corkscrew
a batedeira	whisk

os talheres — cutlery

o talher	piece of cutlery
a colher	spoon
a colher de chá	teaspoon
o garfo	fork
a faca	knife

a louça — dishes

a peça (de louça)	piece of crockery
o descanso	place mat
o prato	plate
o pires	saucer
a travessa	serving dish
a chávena [BP a xícara]	cup
a caneca	mug
o copo	glass
a garrafa	bottle
a terrina da sopa	soup tureen
o galheteiro	oil and vinegar cruet
o açucareiro	sugar bowl
o bule	teapot
a garrafa (de mesa)	carafe, pitcher
a cafeteira	coffee pot

17 O Trabalho Doméstico

a leiteira	milk jug
o oveiro	egg cup
a bandeja	tray

> **é o meu pai que sempre lava a loiça**
> my father always does the dishes
>
> **os meus pais dividem as tarefas domésticas**
> my parents share the housework
>
> **é a sua (tua) vez de pôr (pores)/levantar (levantares) a mesa**
> it's your turn to set/clear the table
>
> *Inf* **o teu quarto está uma bagunça!**
> your room is a total pigsty!

See also sections

15 FOOD *and* **24 THE HOUSE.**

18 AS COMPRAS
SHOPPING

comprar	to buy
custar	to cost
gastar	to spend
trocar	to exchange
pagar	to pay (for)
dar troco	to give change
vender	to sell
saldar	to sell at a reduced price
fazer desconto	to give a discount
ir às compras	to go shopping
fazer as compras	to do the shopping
aberto	open
fechado	closed
barato	cheap
caro	expensive
grátis	free
uma pechincha	a bargain
em saldo	in the sale
em promoção	on special offer
em segunda mão	second-hand
o cliente	customer, client
o freguês	customer
o vendedor/empregado de loja	shop assistant
o caixeiro	shop assistant
as compras na Internet	online shopping

as lojas
shops

a agência de viagens	travel agent's
a boutique	boutique
o centro comercial	shopping centre

a farmácia	chemist's
a feira	(outdoor) market
a florista	florist's
o fotógrafo	photographer's
a geladaria	ice-cream shop
os grandes armazéns	department store
o hipermercado	hypermarket
a joalharia	jeweller's
a lavandaria	laundry, launderette
a livraria	bookshop
a loja de animais	pet shop
a loja de caridade	charity shop
a loja de desporto	sports shop
a loja de discos	CD shop, music shop
a loja de ferragens	hardware store
a loja de recordações	souvenir shop
a loja de vinhos e bebidas alcoólicas	off-licence
a marroquinaria	leather goods shop
o mercado	(indoor) market
a mercearia	grocer's
a mercearia fina	delicatessen
o minimercado	mini-mart
a padaria	baker's
a pastelaria [BP a doceria]	cake shop
a peixaria	fishmonger
o quiosque	newsstand, kiosk
o salão de beleza	beauty salon
a sapataria	shoe shop
o supermercado	supermarket
a tabacaria	tobacconist
o talho [BP o açougue]	butcher's
a tinturaria	dry cleaner's
o verdureiro	greengrocer's
o saco	bag
o saco de plástico	plastic bag

o saco de compras	shopping bag
o cesto de compras	shopping basket
o carrinho (de supermercado)	(supermarket) trolley
o preço	price
a caixa	till, checkout, cash desk
o troco	change
o cartão de crédito	credit card
o código (PIN)	PIN code
o cartão de bónus	reward card
o cartão de fedelidade	loyalty card
o recibo	receipt
a encomenda	order
a entrega	delivery
os saldos	sales
o balcão	counter
a secção	department
o gabinete de provas	fitting room
as escadas rolantes	escalator
o primeiro andar/piso	first floor
o elevador	lift
o ascensor	lift
a montra [BP a vitrina]	shop window
o tamanho	size
o número	(shoe) size
as instruções	instructions
o modo de emprego	instructions for use

posso ajudá-lo?, em que posso servi-lo?
can I help you?

queria um quilo de maçãs, se faz favor
I'd like a kilo of apples, please

tem bananas?
have you got any bananas?

(deseja) mais alguma coisa?   **é tudo, obrigado**
anything else?   that's all, thank you

desculpe, onde fica a secção de sapataria?
excuse me, where is the shoe department?

quanto custa isto?
how much is this?

aceitam cartões de crédito?
do you take credit cards?

são 60 euros (ao todo)
that comes to 60 euros (altogether)

queria reembolso
I'd like a refund

faça favor de pagar na caixa
please pay at the cash desk

quer que faça embrulho de oferta?
do you want it gift-wrapped?

adoro ver montras [BP vitrinas]
I like window-shopping

vou ao cabeleireiro
I'm going to the hairdresser's

introduzir os pormenores do cartão
enter your card details

adicionar ao cesto
add to basket

comprar
proceed to checkout

faço a maior parte das minhas compras na Internet
I do most of my shopping online

Inf **gastei uma fortuna hoje!**
I've spent a fortune today!

Note

False friend: the Portuguese word a livraria means 'bookshop'.
The word for 'library' is a biblioteca.

See also sections

2 CLOTHES AND FASHION, 9 WORK AND JOBS *and* **33 MONEY.**

19 Os Desportos [BP Os Esportes]

Sport

treinar	to train
fazer exercício	to exercise, to work out
fazer o aquecimento	to warm up
fazer o arrefecimento	to cool down
fazer exercícios de estiramento	to stretch
fazer flexões	to do press-ups
fazer abdominais	to do sit-ups
jogar	to play
correr	to run
saltar	to jump
lançar	to throw
disparar	to shoot
esquiar	to ski
patinar	to skate
nadar	to swim
mergulhar	to dive
andar a cavalo	to go horse-riding
jogar futebol/voleibol	to play football/volleyball
ir à caça	to go hunting
ir à pesca	to go fishing
praticar esqui	to go skiing
marcar um golo [BP gol]	to score a goal
encabeçar	to be in the lead
bater um recorde	to beat a record
sacar	to serve
ganhar	to win
perder	to lose
derrotar	to beat

a sessão de exercício	workout
o aquecimento	warm-up
o arrefecimento	cooldown
o profissional	professional
o amador	amateur
o fan [BP o fã]	fan

as modalidades desportivas
types of sport

a aeróbica	aerobics
a aeróbica step	step aerobics
o alpinismo	climbing, mountaineering
o andebol	handball
a asa delta	hang-gliding
o atletismo	athletics
o badminton	badminton
o ballet	ballet
o basquete(bol)	basketball
o boxe	boxing
o break-dancing	breakdancing
os bruços	breast-stroke
a caça desportiva	hunting
a canoagem	canoeing
o ciclismo	cycling
a corrida	running
as costas	backstroke
o crawl	crawl
o críquete	cricket
a dança de salão	ballroom dancing
a dança do ventre	belly dancing
o desporto [BP o esporte]	sport
os desportos de Inverno	winter sports
os desportos extremos	extreme sports
a equitação	horse riding
a escalada	rock climbing
a esgrima	fencing
o esqui	skiing

o esqui aquático	water-skiing
o esqui de fundo	cross-country skiing
o futebol	football, soccer
o futebol americano	American football
a ginástica	gymnastics; working out
o golfe	golf
a halterofilia	weightlifting
o hóquei	hockey
o hóquei em gelo	ice hockey
o ioga	yoga
o jazz	jazz (dance)
o jogging [BP o cooper]	jogging
o judo	judo
o karaté	karate
o kickboxing	kickboxing
a luta (corpo a corpo)	wrestling
a mariposa	butterfly-stroke
o mergulho	diving
o montanhismo	mountaineering
a musculação	body-building
a natação	swimming
o pára-quedismo	parachuting
a patinagem em linha	roller-blading
a patinagem sobre rodas	roller-skating
a pesca	fishing
o Pilates	pilates
o pingue-pongue	ping-pong
o râguebi	rugby
o remo	rowing
o salto em altura	high jump
o salto em comprimento	long jump
o sapateado	tap
o snowboarding	snowboarding
o squash	squash
o surf	surfboarding
o tai-chi	tai chi

o ténis [BP o tênis]	tennis
o ténis de mesa	table tennis
o tiro	shooting
a vela	sailing
o voleibol [BP o vôlei]	volleyball

o equipamento — **equipment**

a bola	ball; bowl
as sapatilhas	trainers
os ténis	trainers
as chuteiras	football boots
as botas de futebol	football boots
os sapatos de ballet	ballet shoes
os patins de gelo	ice skates
os patins em linha	rollerblades
a roupa de desporto	sportswear
o sutiã de desporto	sports bra
os punhos elásticos	sweat bands
as luvas de boxe	boxing gloves
a touca de natação	swimming cap
os óculos de natação	goggles
o capacete	helmet
as joelheiras	knee pads
as caneleiras	shin pads
a rede	net
o raquete (de ténis)	(tennis) racket
o bastão	bat *(baseball/cricket)*
o stick de hóquei	hockey stick
o taco de golfe	golf club
os esquis	skis
os bastões de esqui	ski poles
a prancha de snowboard	snowboard
a prancha de surf	surfboard
a bicicleta	bicycle
a sela	saddle
o barco à vela	sailing boat
a canoa	canoe

a cana de pesca	fishing rod
os halteres	weights
as barras paralelas	parallel bars
o cronómetro	stopwatch

as instalações desportivas

places

o campo	pitch, court, course
o campo de futebol	football pitch
o campo de golfe	golf course
o campo de hóquei	hockey pitch
o campo de ténis	tennis court
o campo de desportos	sports ground
o estádio	stadium
o centro desportivo	sports centre
o ginásio	gym; studio
a piscina	swimming pool
a prancha de saltos	diving board
a pista	track
a pista de ciclismo	cycle track
a pista de esqui	ski slope
o ringue de patinagem	ice rink
o vestiário	changing room
os chuveiros	showers
a sauna	sauna
o jacúzi	jacuzzi

a competição

competing

o treino	training
a equipa (vencedora)	(winning) team
a corrida	race
a etapa	stage
o mêlée	scrum
a corrida contra-relógio	time-trial
o sprint	sprint
o jogo	game
a partida	match

o meio tempo	half-time
o golo [BP o gol]	goal
o resultado	result
a marcação [BP o escore]	score
o empate	draw
o prolongamento	extra time
o penálti	penalty shoot-out
a cobrança de penálti	penalty kick
o pontapé livre	free kick
o golo dourado	golden goal
o fora de jogo	offside
o cartão amarelo/vermelho	yellow/red card
o desafio	game
a maratona	marathon
a competição desportiva	sporting event, competition
o campeonato	championship
o torneio	tournament, competition
o encontro	meeting
a prova eliminatória	heat
a final	final
o recorde (do mundo)	(world) record
os Jogos Olímpicos	Olympic Games
o Campeonato do Mundo	World Cup
a medalha	medal
a taça	cup
o troféu	trophy

os participantes

people

o/a alpinista	climber, mountaineer
o/a atleta	athlete; sportsperson
o/a desportista	sportsperson
o/a ciclista	(racing) cyclist
o/a corredor(a)	runner
o/a esquiador(a)	skier
o/a futebolista	footballer
o/a guarda-redes	goalkeeper
o/a jogador(a)	player

o/a mergulhador(a)	diver
o/a montanhista	mountaineer
o/a patinador	skater
o/a pugilista	boxer
o/a tenista	tennis player

o adepto/a adepta [BP o torcedor]	supporter
o árbitro	referee
o campeão/a campeã	champion
o/a instrutor(a) de esqui	ski instructor
o/a instrutor(a) de natação	swimming instructor
o/a treinador(a)	coach
o/a vencedor(a)	winner
o/a perdedor(a)	loser
o segundo lugar	runner-up
o/a recordista	record holder

---

ele/ela pratica muito desporto [BP esporte]
he/she does a lot of sport

preparar, prontos, largar!　　**vamos jogar ténis [BP tênis]!**
ready, steady, go!　　　　　　let's have a game of tennis!

ele/ela é cinturão negro de judo
he's/she's a black-belt in judo

as duas equipas empataram　　**tiveram de ir a prolongamento**
the two teams drew　　　　　　they had to go into extra time

o corredor cortou a meta
the runner crossed the finishing line

Inf **(ele) tem uns abdominais formidáveis**
he's got a great six-pack

Inf **estou estoirado**　　　　*Inf* **demos cabo deles**
I'm worn out　　　　　　　　we thrashed them

Note

★ Note that the Portuguese verb gostar ('to like') is always followed by a preposition:

gosto de futebol
I like football

The same applies to the verbs precisar and necessitar (both 'to need'):

preciso de fazer mais exercício
I need to do more exercise

★ Do not confuse the words a concorrência , o concurso and a competição : they all mean 'competition' but are not interchangeable:

a concorrência	o concurso	a competiçao
competition	competitive exam	contest, competition
(the concept)	*(for job etc)*	*(game, challenge etc)*

Homework help

My favourite sport is...	I like playing/watching...
O meu desporto preferido é...	**Gosto de jogar/ver...**

I'm good/not very good at sports.
Sou/Não sou bom nos desportos.

Some people...	find watching sport boring.
Algumas pessoas...	**acham que ver desporto é aborrecido.**
	say footballers get paid too much.
	dizem que os futebolistas ganham demais.

| | don't do enough exercise. |
| | **não fazem suficiente exercício.** |

| I think... | it's important to keep fit. |
| **Penso que...** | **é importante manter a forma.** |

| | we should do more/less sport at school. |
| | **devíamos fazer mais/menos desporto na escola.** |

| However... | I don't have time to exercise. |
| **Contudo...** | **não tenho tempo para fazer exercício.** |

| | we need better sports facilities. |
| | **precisamos de melhores instalações de desporto.** |

| | going to a gym is too expensive. |
| | **frequenter um ginásio é demasiado caro.** |

I don't like competitive sports.
não gosto de desportos de competição.

See also section

2 CLOTHES AND FASHION.

20 O Tempo Livre e Os Hobbies

Leisure and hobbies

interessar-se por, estar interessado em	to be interested in
divertir-se	to enjoy oneself
aborrecer-se	to be bored
ler	to read
desenhar	to draw
pintar	to paint
fazer bricolage	to do DIY
construir	to build
tirar fotografias	to do photography
coleccionar	to collect
cozinhar	to cook
jardinar	to do gardening
fazer as palavras-cruzadas	to do crosswords
coser	to sew
fazer malha	to knit
tricotar	to knit
dançar	to dance
cantar	to sing
actuar	to act
jogar	to play *(game)*
tocar	to play *(musical instrument)*
ver televisão/DVD	to watch TV/DVDs
navegar na Internet	to surf the Internet
conversar online	to chat online
jogar jogos de vídeo	to play video games
participar em	to take part in
ganhar	to win

perder	to lose
derrotar	to beat
fazer batota	to cheat
manter a forma	to keep fit
passear	to go for walks
dar uma volta de bicicleta	to go for a bike ride
andar de bicicleta	to cycle
ir à pesca	to go fishing
ter aulas à noite	to go to evening classes
aprender	to learn
trabalhar como voluntário	to do voluntary work
socializar	to socialize
receber	to entertain
interessante	interesting
apaixonante	fascinating, exciting
apaixonado por	very keen on
aborrecido	boring
o passatempo	pastime
o lazer	leisure, spare time
o tempo livre	free time
a leitura	reading
o livro	book
a banda desenhada	comic book; cartoons
a revista	magazine
a poesia	poetry
o poema	poem
a pintura	painting
o pincel	brush
a escultura	sculpture
a cerâmica	pottery
o bricolage	DIY
o modelismo	model-making
o martelo	hammer
a chave de parafusos	screwdriver

o prego	nail
o parafuso	screw
o berbequim	drill
a serra	saw
a lima	file
a cola	glue
a tinta	paint
a fotografia	photography
a foto(grafia)	photo(graph)
a máquina fotográfica	camera
a câmara digital	digital camera
o filme	film *(for camera)*
o cinema	cinema
a câmara de vídeo	camcorder
o vídeo	video
a informática	computing
o computador	computer
os jogos electrónicos	computer games
o website	website
a Internet	Internet
o chatroom	chatroom
a filatelia	stamp collecting
o selo	stamp
o álbum (de recortes)	album, scrapbook
a colecção	collection
a cozinha	cooking
a receita	recipe
a jardinagem	gardening
o regador	watering can
a pá	spade
o ancinho	rake
a costura	dressmaking
a máquina de costura	sewing machine
a agulha	needle
a linha	thread
o dedal	thimble

a tesoura	scissors
o tricô	knitting
a agulha de tricô	knitting needle
o novelo de lã	ball of wool
a dança	dancing
o ballet	ballet
a música	music
o drama	drama
o canto	singing
a canção	song
o coro	choir
o piano	piano
o violino	violin
o violoncelo	cello
o clarinete	clarinet
a flauta	flute
a flauta de bisel	recorder
a viola	guitar
a guitarra (portuguesa)	Portuguese guitar
o tambor	drum
a bateria	drums
o baixo	bass
o brinquedo	toy
o jogo	game
o jogo de tabuleiro	board game
o xadrez	chess
as damas	draughts
os dominós	dominoes
o puzzle	jigsaw
as cartas	cards
os dados	dice
a aposta	bet
a excursão	excursion
a caminhada	hike
o ciclismo	cycling
a ornitologia	birdwatching

gosto de ler/de fazer tricô
I like reading/knitting

tenho aulas de ballet
I take ballet lessons

o Ricardo é muito habilidoso de mãos
Richard is very good with his hands

a Eduarda é uma grande apaixonada por cinema
Eduarda is very keen on cinema

de quem é a vez (de jogar)?
whose turn is it?

é a sua vez (de jogar)
it's your turn

gostamos de receber pessoas
we enjoy entertaining

estou a estudar fotografia à noite
I'm taking an evening class in photography

Inf é um génio com os computadores
he's a whizz with computers

saiu com os amigos
she's hanging out with her friends

See also sections

19 SPORT, 21 THE MEDIA, 22 AN EVENING OUT, 39 COMPUTERS AND THE INTERNET *and* **46 CAMPSITES AND YOUTH HOSTELS.**

21 Os Media

THE MEDIA

ouvir	to listen to
escutar	to hear
ver	to watch, to see
ler	to read
folhear	to leaf through
ligar	to switch on
acender	to switch on
desligar	to switch off
apagar	to switch off
mudar de canal/estação/emissora	to switch over
aumentar/baixar o volume	to turn the volume up/down
transmitir	to broadcast
descarregar	to download

a rádio

radio

o (aparelho de) rádio	radio (set)
o programa (de rádio)	(radio) programme
a emissão	broadcast, programme
o boletim informativo	news bulletin
as notícias	news
a notícia de última hora	breaking news
a informação sobre o trânsito	traffic alert
a entrevista	interview
o concurso de rádio	radio quiz
o top	charts
o single	single
o álbum	album
o anúncio	commercial
o jingle	jingle
o slogan	slogan

o/a DJ	DJ
o apresentador	presenter
o ouvinte	listener
a recepção	reception
a interferência	interference
o canal	station
a frequência	frequency
a rádio digital	digital radio
a rádio pirata	pirate radio
o podcast	podcast

a televisão

television

a televisão	TV
o televisor	television set
o ecrã	screen
a antena	aerial
a antena de satélite	satellite dish
o comando	remote control
o canal	channel
o programa	programme
a emissão	broadcast, programme
a transmissão ao vivo	live broadcast
o estúdio	studio
o telejornal	television news
a previsão do tempo	weather forecast
o filme	film
o documentário	documentary
a série televisiva	series
a telenovela	soap opera
o episódio	episode
a comédia televisiva	sitcom
o programa de entrevistas	chat show
o concurso	quiz show
o concurso de talentos	talent show
a reality TV	reality TV
o anúncio	advert
os anúncios	ad break

o patrocinador	sponsor
o jornalista	newsreader
o locutor	announcer
o apresentador	presenter
a estrela de TV	TV star
o telespectador	viewer
a televisão por satélite	satellite TV
a televisão por cabo	cable TV
a televisão digital	digital TV
o pagamento por visualização	pay-per-view
o guia de televisão	TV guide
a licença de televisão	TV licence
o leitor de DVD	DVD player
o DVD	DVD
o (gravador de) vídeo	video (recorder)
o vídeo	video(tape)

a imprensa

press

o jornal	newspaper
o tablóide	tabloid
o jornal de grande formato	broadsheet
a imprensa sensacionalista	the popular press, the tabloids
o jornal da manhã/tarde	morning/evening paper
o diário	daily paper
o semanário	weekly
a revista	magazine
a revista para mulheres/homens	women's/men's magazine
a revista para adolescentes	teen magazine
a revista de moda	fashion magazine
a revista do jet-set	celebrity magazine
o suplemento a cores	colour supplement
o livro de banda-desenhada	comic
o jornalista	journalist
o repórter	reporter
o correspondente	correspondent
o editor-chefe	editor-in-chief
os paparazzi	paparazzi

a primeira página	front page
o artigo	article
o editorial	editorial
a reportagem	report
os títulos	headlines
a coluna	(regular) column
a secção desportiva	sports column
o correio sentimental	agony column
o anúncio	advertisement
a publicidade	advertising
os anúncios classificados	classified ads
os pequenos anúncios	small ads
a coluna do coração	lonely hearts column
a conferência de imprensa	press conference
a agência noticiosa	news agency
a página web de notícias	news site

no ar on the radio/air	**o que dá hoje à noite na televisão?** what's on television tonight?
em directo/ao vivo de Wimbledon live from Wimbledon	**o rapto chegou aos jornais** the kidnapping made the headlines

Note

False friends: the Portuguese word o jornal refers to a general newspaper. The word for a specialized or academic journal is a revista especializada.

Note also that as notícias means 'the news' (a notícia – a piece of news, a news item). The word 'notice', in the sense of a sign or an announcement, is translated as o aviso.

 *Homework help*

I think... **Penso que...**	there are too many reality shows on TV these days. **hoje em dia há demasiados programas do tipo ... reality show...na televisão.**
	there's too much violence on TV. **a televisão mostra demasiada violência.**
	it's important to watch the news. **é importante ver as notícias.**
Young people... **Os jovens...**	don't watch the news. **não vêem as notícias.**
	watch too much television. **vêem demasiada televisão.**
	get information on the Internet. **mantêm-se informados através da Internet.**
	spend a lot of money on magazines. **gastam demasiado dinheiro em revistas.**
It annoys me when... **Irrita-me quando...**	shows have lots of ad breaks. **os programas têm muitos intervalos.**
	people keep channel-hopping. **as pessoas estão sempre a mudar de canal.**
	people don't care about what's happening in the world. **não ligam ao que se passa no mundo.**

See also section

39 COMPUTERS AND THE INTERNET.

22 OS DIVERTIMENTOS NOCTURNOS

AN EVENING OUT

sair	to go out
ir ao pub	to go to the pub
ir tomar um copo	to go for a drink
embebedar-se	to get drunk
ir dançar	to go dancing
ir à discoteca	to go clubbing
ir a uma festa	to go to a party
dar uma festa	to have a party
festejar	to party
ir a um casino	to go to a casino
ir ver	to go and see
encontrar	to meet
ir ter com	to meet up with
convidar	to invite
convidar alguém para sair	to ask somebody out
tentar engatar alguém	to chat somebody up
ter um encontro	to go on a date
reservar	to book
aplaudir	to applaud
divertir-se	to enjoy oneself
estar aborrecido	to be bored
ir/voltar para casa	to go/come home
acompanhar	to accompany
oferecer	to offer
encomendar	to order
pedir	to order
recomendar	to recommend

| sozinho | alone |
| (junto) com | (together) with |

os espectáculos shows

o teatro	theatre
o traje	costume
o palco	stage
o cenário	set
os bastidores	wings
a cortina	curtain
o vestiário	cloakroom
a orquestra	orchestra
o lugar	seat
a plateia	stalls
o balcão	dress circle
o camarote	box
a galeria	gods, balcony
o intervalo	interval
o programa	programme
a bilheteira [BP bilheteria]	box office
a representação	performance *(play, show)*
a actuação	performance *(by actor)*
a estréia	opening night, première

a peça	play
o drama	drama
a comédia	comedy
a tragédia	tragedy
a ópera	opera
o ballet	ballet
o concerto de música clássica	classical concert
o concerto de rock	rock concert
o espectáculo	show
o circo	circus
os fogos-de-artifício	fireworks

os espectadores	spectators, audience
o público	audience
o/a arrumador(a) [BP a lanterninha]	usher
o actor/a actriz	actor/actress
o bailarino/a bailarina	dancer
o maestro	conductor
o músico/a música	musician
o mágico/a mágica	magician
o/a ilusionista	illusionist, conjuror
o palhaço/a palhaça	clown

o cinema
cinema

o filme	film
a bilheteira [BP bilheteria]	ticket office
a sessão	showing
o bilhete	ticket
o ecrã	screen
o projector	projector

o desenho animado	cartoon
o documentário	documentary
o filme de horror	horror film
o filme policial	detective film
o filme de ficção científica	science-fiction film
o western	western
as legendas	subtitles
a dobragem	dubbing
o filme a preto e branco	black-and-white film
o realizador	director
a estrela (de cinema)	(film) star

as discotecas e os bailes
discos and dances

o baile	dance
o salão de baile	dance hall
a discoteca	disco
o clube nocturno	nightclub
a boate	club, disco

o rave	rave
o bar	bar
o disco	record
a pista de dança	dance floor
o rock	rock-and-roll
o grupo pop	pop group
o slow	slow
o disc-jockey	DJ
os deques	decks
as colunas	speakers
o/a cantor/a	singer
o porteiro	bouncer
o BI	ID
o folheto	flyer

ir comer fora — eating out

o restaurante	restaurant
a tasca	(small) restaurant
o café-bar	bar
o pub	pub
a pizzaria	pizzeria
o restaurante chinês/italiano	Chinese/Italian restaurant
o café	snack bar
a comida rápida	fast-food restaurant
a marisqueira	seafood restaurant
a comida a peso	food by weight
o empregado/a empregada de mesa [BP o garçom/a garçonete]	waiter/waitress
a ementa	menu
a lista [BP o cardápio]	menu
a ementa turística	tourist (set) menu
o prato típico	typical dish
o prato do dia	dish of the day
a carta de vinhos	wine list
a conta	bill
a gorjeta	tip

os convites — **invitations**

os convidados	guests
o anfitreão/a anfitrã	host/hostess
o presente	present
a prenda	gift, present
o ramo de flores	bunch of flowers
a caixa de chocolates	box of chocolates
a bebida	drink
a festa	party
o aniversário	birthday
as velas	candles
a vida social	social life
o encontro	date
a agência de encontros	dating agency
os encontros na Internet	online dating
o speed dating	speed dating
a noite de solteiros	singles' night

---

bis!	**está esgotado**
encore!	it's sold out

o que é que dá no cinema hoje à noite?
what's showing at the cinema tonight?

quer(queres) sair hoje à noite?
do you want to go out tonight?

onde/a que horas é que nos encontramos?
where/what time shall we meet?

faz (fazes) alguma coisa hoje à noite?
are you doing anything tonight?

há uma festa na casa dela	**têm uma vida social tremenda**
there's a party at her place	they've got a great social life
Inf **está sempre no engate**	*Inf* **é a rainha das festas**
he's always chatting up girls	she's a real party animal

Note

False friends: the Portuguese words **as legendas** means 'subtitles' (**um filme legendado** – a subtitled film). The word for 'legend' in the sense of a myth is **a lenda**.

See also section

15 FOOD.

o chão	floor
o sobrado	wooden floor
o alcatifa [BP o tapete]	(fitted) carpet
o tecto	ceiling
a parede	wall
a porta	door
a janela	window
as cortinas	curtains
as portadas	shutters
as persianas	blinds
o papel de parede	wallpaper

o mobiliário	**furniture**
a cama	bed
a cama de solteiro	single bed
a cama de casal	double bed
o beliche	bunk beds
as camas gémeas	twin beds
o sofá-cama	sofa bed
o futon	futon
o colchão	mattress
o lençol	sheet
a almofada	pillow
a fronha	pillowcase
a manta	blanket
o edredão	duvet
a colcha	bedspread
a cobertura	cover
a mesa-de-cabeceira	bedside table
a cómoda	chest of drawers
o toucador	dressing table

o guarda-fatos [BP o guarda-roupa]	wardrobe
o armário	cupboard
a secretária	desk
a cadeira	chair
o banco	stool
a poltrona	armchair
o sofá	sofa
as prateleiras	shelves
a estante	bookcase

os objectos — objects

o pijama	pyjamas
o roupão	dressing gown
as pantufas	slippers
a botija de água quente	hot-water bottle
o candeeiro	lamp
o candeeiro de mesa-de-cabeceira	bedside lamp
o abajur	lampshade
o espelho	mirror
o espelho alto	full-length mirror
o tapete	rug
o pufe	beanbag
a almofada	cushion
o cartaz	poster
o quadro	picture
a fotografia	photograph
a moldura	picture frame
a vela	candle
a aparelhagem de som	stereo
o computador	computer
o despertador	alarm clock
o rádio despertador	clock radio
o livro	book
a revista	magazine
o diário	diary, journal
o ursinho de peluche	teddy bear
o brinquedo	toy

está na hora de dormir it's bedtime	**está na hora de levantar** it's time to get up
ainda está na cama he's/she's still in bed	

Homework help

My room is big/small.
O meu quarto é grande/pequeno.

My room is tidy/messy.
O meu quarto está arrumado/desarrumado.

My duvet/carpet is...
O meu edredão /A minha alcatifa é

My curtains/walls are...
As cortinas/paredes são...

The bed is next to...
A cama está ao pé de...

On the bed is...
Sobre a cama está...

Under the bed are...
Debaixo da cama estão...

In the cupboard I have...
No armário tenho...

The desk is opposite...
A secretária está no lado oposto a...

The shelves are above...
As prateleiras estão por cima de...

The TV is on top of...
O televisor está em cima de...

The lamp is on...
O candeeiro está sobre...

The mirror is below...
O espelho está por baixo de...

My photos are in front of...
As minhas fotografias estão em frente de...

I keep...	my clothes in the wardrobe.
Guardo...	**a roupa no guarda-fatos.**
	my books on a shelf.
	os livros numa prateleira.
	my toys under the bed.
	os meus brinquedos debaixo da cama.
	my CDs in a box.
	os CD numa caixa.

See also sections

14 DAILY ROUTINE AND SLEEP *and* **24 THE HOUSE.**

24 A Casa
THE HOUSE

viver	to live
mudar-se para	to move to
mudar (de casa)	to move (house)
alugar	to let; to rent
arrendar	to rent
o aluguel	rent
a hipoteca	mortgage
a mudança	removal
o carregador (de mudanças)	removal man
o proprietário/a proprietária	owner
o inquilino/a inquilina	tenant
o companheiro/a companheira de casa	housemate
o companheiro/a companheira de apartamento	flatmate
o porteiro	caretaker
a casa	house
o edifício	building
o arranha-céu	skyscraper
a moradia isolada	detached house
o condomínio	condominium
a moradia geminada	semi-detached house
a fileira de casas contíguas	terraced houses
a habitação de renda económica	council flat
a casa popular	council house
o bloco de apartamentos	block of flats
o estúdio	studio flat
o apartamento (mobilado)	(furnished) flat

as partes da casa	**parts of the house**
a cave	basement
o rés-do-chão	ground floor
o piso térreo	ground floor
o (primeiro) andar/piso	(first) floor
o sótão	loft, attic
a cave	cellar
a adega	cellar, basement
a divisão	room
a assoalhada	room
o patamar	landing
as escadas	stairs
o degrau	step
o corrimão	banister
o elevador	lift
o ascensor	lift
a parede	wall
a telha	roof tile
o chaminé	chimney
a lareira	fireplace
a prateleira da lareira	mantelpiece
a porta	door
a porta da entrada	front door
a porta das traseiras	back door
a janela	window
o peitoril da janela	window sill
a porta de vidro	French window
a claraboia	skylight
a sacada	balcony
o pátio	patio, courtyard
a varanda	veranda
a marquise	conservatory
a garagem	garage
em cima	upstairs
em baixo	downstairs

dentro	inside
fora	outside

as divisões — the rooms

o quarto	room
a entrada	entrance (hall)
o hall	hall
a cozinha	kitchen
a sala de jantar	dining room
a sala de estar	living room
o salão	lounge, living room
a sala de visitas	sitting room
o escritório	study
a biblioteca	library
o quarto (de dormir)	bedroom
o quarto dos hóspedes	spare room, guest room
a casa de banho [BP o banheiro]	toilet, bathroom

o mobiliário — furniture

a cadeira	chair
a poltrona	armchair
a cadeira de baloiço	rocking chair
o sofá	sofa
a mesa	table
a mesa de café	coffee table
a estante	bookcase
o aparador	sideboard
o louceiro	dresser
a cristaleira	glass cabinet
o guarda-louça	porcelain cabinet
a secretária	desk
as prateleiras	shelves
o piano	piano
a cama	bed
o guarda-fato [BP o guarda-roupa]	wardrobe
o chuveiro	shower
o lavatório	washbasin
a banheira	bathtub

o bidé	bidet
a retrete	WC
o armário de casa de banho	bathroom cabinet

os objectos e utensílios

objects and fittings

o alcatifa [BP o tapete]	(fitted) carpet
a almofada	cushion
a antena	aerial
a aquecimento central	central heating
o ar condicionado	air conditioning
o azulejo	tile
a balança de casa de banho [BP banheiro]	bathroom scales
o bengaleiro	coat rack
o bibelô	ornament
a caixa de correio	letterbox
o caixote do lixo	bin
a campainha	doorbell
o candeeiro	lamp
o candeeiro de pé	standard lamp
o capacho	doormat
o cartaz	poster
o castiçal	candlestick
o cesto (de papéis)	(wastepaper) basket
a chave	key
o cinzeiro	ashtray
a fechadura	keyhole
o ferrolho	bolt
o escadote	ladder
o espelho	mirror
a ficha [BP a tomada]	plug *(electric)*
a fotografia	photograph
a gaveta	drawer
a lâmpada	lightbulb
a lava-loiça	washbasin
o lustre	chandelier
a moldura	picture frame

a pia	sink
o papel de parede	wallpaper
o puxador	door handle, doorknob
o quadro	picture
o radiador	radiator
o suporte para revistas	magazine rack
o tampão	plug *(bath)*
o tapete	rug
o tapete de casa de banho [BP o banheiro]	bathmat
a torneira	tap
o vaso	vase; plant pot
a vela	candle
o telefone	telephone
o rádio	radio
o televisor	television
o computador	computer
a aparelhagem estereofónica	stereo
o leitor de CDs	CD player
o CD	CD
o gira-discos [BP o toca-discos]	record player
o disco	record
o gravador de cassetes	tape recorder
a cassete [BP a fita]	tape, cassette
o leitor de DVD	DVD player
o DVD	DVD
o gravador de vídeo	video (recorder)
a cassete de vídeo	video(tape)

o jardim — the garden

o relvado	lawn
a relva [BP a grama]	grass
as ervas daninhas	weeds
o canteiro	flowerbed
a horta	vegetable patch
a estufa	greenhouse
a arrecadação	garden shed

a espreguiçadeira	deckchair
o carrinho de mão	wheelbarrow
a máquina de cortar relva	lawnmower
o regador	watering can
a churrasqueira	barbecue
o caminho	path
a cerca	fence
a vedação	fence
o portão	gate
o lago	pond
o anão de jardim	garden gnome
o baloiço	swings

Inf a casa deles é enorme
their place is massive

Inf é uma urbanização um pouco perigosa
it's a bit of a dodgy estate

 Homework help

I live in a house/a flat.
Vivo numa vivenda/num apartamento.

My house is big/small/old/modern.
A minha casa é grande/pequena/antiga/moderna.

In our house we have...
Na nossa casa, temos...

Upstairs/downstairs there is...
No andar de cima/de baixo há...

The living room is next to...
A sala-de-estar é ao lado de...

My bedroom is above...
O meu quarto fica por cima de...

The bathroom is opposite...
A casa-de-banho fica em frente de...

See also sections

8 IDENTITY AND AGE, 17 HOUSEWORK *and* **23 MY ROOM.**

25 A CIDADE
THE CITY

a vila	(small) town
a cidade	city
a cidade-dormitório	commuter town
a aldeia	village
os subúrbios	outskirts, suburbs
o bairro	district
os arredores	surrounding area
a área	area
a área urbana	built-up area
a zona industrial	industrial estate
o parque industrial	industrial park
o bairro residencial	residential district
os bairros pobres/de lata [BP as favelas]	slums
a parte antiga da cidade	old town
o centro da cidade	city centre
a avenida	avenue, boulevard
o beco sem saída	cul-de-sac
a circular	ring road
a praça	piazza, square
a rua	road, street
a estrada	road *(larger)*
a rua principal	main street, high street
a zona pedonal	pedestrian precinct
o beco	alleyway
a ruela	narrow street, alley
o passeio [BP a calçada]	pavement
o parque de estacionamento	car park
o parquímetro	parking meter

a passagem subterrânea	underpass, subway
os esgotos	sewers
o candeeiro	street lamp
o parque	park
os jardins públicos	public gardens
o cemitério	cemetery
a ponte	bridge
o porto	harbour
o aeroporto	airport
a estação de comboios [BP de trens]	(railway) station
a rodoviária	bus station
a estação de autocarros [BP de ônibus]	bus station
a estação de metro	underground station
a praça de taxis	taxi rank
movimentado	busy
animado	lively
superlotado	overcrowded
sossegado	peaceful
poluído	polluted
limpo	clean
perigoso	dangerous
seguro	safe

os edifícios **buildings**

o edifício	building
o bloco de apartamentos	block (of flats)
o arranha-céus	skyscraper
a câmara municipal [BP a prefeitura]	town hall
os tribunais	law courts
o posto de turismo	tourist information office
os correios	post office
o banco	bank
a biblioteca	library
a esquadra [BP a delegacia] da polícia	police station

o quartel	barracks
o quartel de bombeiros	fire station
a prisão	prison
a fábrica	factory
o hospital	hospital
a clínica	clinic
o lar de idosos	old people's home
a escola	school
a escola secundária	high school
a universidade	university
a residência universitária	university halls of residence
o centro cultural	arts centre
o centro desportivo	sports centre
o estádio	stadium
o teatro	theatre
o cinema	cinema
o museu	museum
a galeria de arte	art gallery
o castelo	castle
o palácio	palace
a torre	tower
a abadia	abbey
a catedral	cathedral
a Sé	cathedral
a igreja	church
a capela	chapel
o templo	temple
o campanário	steeple
a sinagoga	synagogue
a mesquita	mosque
o monumento	monument
o monumento comemorativo	memorial
o monumento aos mortos	war memorial
a estátua	statue
a fonte	fountain
o ponto de referência	landmark

as pessoas	**people**
os citadinos	city dwellers
o/a habitante	inhabitant
o/a pendular	commuter
o/a local	local
o/a imigrante	immigrant
o/a transeunte	passer-by
os peões	pedestrians
o/a turista	tourist

vivo nos arredores do Porto
I live on the outskirts of Porto

vamos à cidade
we're going to town

cuidado, é uma zona perigosa
be careful, it's a rough area

ele/ela vive em Cascais e trabalha em Lisboa
he/she commutes between Cascais and Lisbon

Inf **as ruas estavam a abarrotar**
the streets were heaving

Inf **vivem em cascos de rolha**
they live in the middle of nowhere

 Homework help

I live in...	It's near...
Vivo em...	**É perto de...**
You should go to...	It's famous for...
Devia (devias) visitar...	**É famoso por...**
My town is big/small/pretty/ugly.	
A minha cidade é grande/pequena/bonita/feia.	

See also sections

18 SHOPPING, 22 AN EVENING OUT, 26 CARS, 44 PUBLIC TRANSPORT, 48 GEOGRAPHICAL TERMS *and* **66 DIRECTIONS.**

26 Os Automóveis

Cars

conduzir	to drive
guiar [BP dirigir]	to drive
arrancar	to start up
abrandar	to slow down
travar [BP frear]	to brake
acelerar	to accelerate
meter (uma) mudança	to change gear
parar	to stop
estacionar	to park
ultrapassar	to overtake
dar meia-volta	to do a U-turn
acender os faróis	to switch on one's lights
apagar os faróis	to switch off one's lights
fazer sinais de luzes	to flash one's headlights
deslumbrar	to dazzle
atravessar	to cross, to go through
verificar	to check
dar uma boleia [BP uma carona]	to give a lift
dar prioridade/passagem	to give way
ter prioridade	to have the right of way
buzinar	to hoot
derrapar	to skid
ter uma avaria	to break down
ficar sem gasolina	to run out of petrol
encher o depósito	to fill up
mudar uma roda	to change a wheel
rebocar	to tow
reparar	to repair
cometer uma infracção	to commit an offence
respeitar o limite de velocidade	to keep to the speed limit

ultrapassar o limite de velocidade	to break the speed limit
ser multado por excesso de velocidade	to get a speeding ticket
ser multado por estacionamento indevido	to get a parking ticket
passar um sinal vermelho	to jump a red light
ignorar um sinal de stop	to ignore a stop sign
permitido	allowed
proibido	forbidden

os veículos — vehicles

o carro	car
o automóvel	car, automobile
o carro com transmissão automática	automatic car
o carro manual	manual car
o carro em segunda mão	second-hand car
a carripana	old banger
o carro com duas/cinco portas	two-/five-door car
o carro utilitário familiar	estate car
o carro de turismo	saloon
o descapotável	convertible
o carro de corrida	racing car
o carro desportivo	sports car
o carro com tracção às quatro rodas	four-wheel drive (car)
o todo-terreno	4x4
o carro com volante à direita/à esquerda	right-hand/left-hand drive (car)
o carro híbrido	hybrid car
a marca	make
o táxi	taxi
o camião [BP o caminhão]	lorry
o camião com reboque	articulated lorry
a camioneta	coach

a furgoneta	van
o reboque	breakdown lorry
a motocicleta (moto)	motorbike
a motorizada	moped
a lambreta	scooter
a autocaravana	camper van
a caravana	caravan
o atrelado	trailer

os utilizadores da estrada — road users

o automobilista	motorist
o condutor	driver
o condutor imprudente	reckless driver
o condutor alcoolizado	drink driver
o aprendiz de condução	learner driver
o passageiro	passenger
o taxista	taxi driver
o camionista	lorry driver
o motociclista	motorcyclist
o ciclista	cyclist
a pessoa que anda à boleia	hitch-hiker
o peão	pedestrian

as peças e partes do automóvel — car parts

o acelerador	accelerator
a alavanca de mudanças/ velocidades	gear lever
a antena	aerial
o aquecimento	heating
o auto-rádio	car radio
a bagageira (de tecto)	roof rack
o banco da frente/de trás	front/back seat
a bateria	battery
a buzina	horn
a caixa de velocidades	gearbox
a capota	bonnet

a carroçaria	body
o chassis	chassis
o cinto de segurança	seat belt
o conta-quilómetros	mileometer
o depósito	petrol tank
a embraiagem [BP a embreagem]	clutch
o espelho (retrovisor)	(rearview) mirror
os faróis altos	full-beam headlights
os faróis baixos	dipped headlights
os faróis de frente	headlights
os faróis de nevoeiro	fog lamps
os faróis de trás	rear lights
a fechadura	lock
a ignição	ignition
o indicador de nível do óleo/da	oil/petrol gauge
o indicador	indicator
a janela	window
o limpa pára-brisas	windscreen wiper
o macaco	jack
a mala	boot
a marcha atrás	reverse
a (chapa de) matrícula	number plate
o motor	engine
as mudanças	gears
as velocidades	gears
o pára-brisas	windscreen
o pára-choques	bumper
o pedal	pedal
o pneu	tyre
o pneu sobresselente	spare wheel
o ponto morto	neutral
a porta	door
a primeira (mudança)	first gear
a quarta (mudança)	fourth gear
a quinta (mudança)	fifth gear
o radiador	radiator

o rádio do carro	car radio
a roda	wheel
a segunda (mudança)	second gear
o sistema de navegação por satélite	satnav
o tablier	dashboard
a tampa do depósito	petrol cap
o tampão (da roda)	hub cap
o tejadilho	roof rack
a terceira (mudança)	third gear
o travão de mão	handbrake
os travões [BP os freios]	brakes
o tubo de escape	exhaust
o velocímetro	speedometer
o volante	steering wheel
a gasolina	petrol
a gasolina super	four-star (petrol)
a gasolina sem chumbo	unleaded (petrol)
o combustível	fuel
o diesel	diesel
o gasóleo	diesel
o óleo	oil
o anticongelante	antifreeze
os gases de escape	exhaust fumes

os problemas — problems

a garagem	garage
a oficina	garage
o mecânico de automóveis	car mechanic
a estação de serviço	petrol station
a bomba de gasolina	petrol pump
o código da estrada	Highway Code
a aula de condução	driving lesson
o exame de condução	driving test
a carta de condução	driving licence
o livrete do automóvel	car registration book

a carta verde	green card
o seguro	insurance
a apólice de seguro	insurance policy
o seguro completo	comprehensive insurance
a vinheta do imposto de circulação	road tax disc
a velocidade	speed
o excesso de velocidade	speeding
a câmara de controlo de velocidade	speed camera
a infracção	offence
a multa	fine
a prioridade	right of way
(o sinal de) estacionamento proibido	no parking sign
o engarrafamento	traffic jam
o desvio	diversion
as obras na estrada	roadworks
o pneu furado	flat tyre
a avaria	breakdown
o ACP	AA, RAC, etc
o acidente	accident
a mossa	dent
a camada de gelo na estrada	black ice
a visibilidade	visibility

na estrada

driving along

o trânsito	traffic
a circulação	traffic
o mapa das estradas	road map
a estrada	road
a estrada nacional	main road
a estrada secundária	B road
a auto-estrada [BP a rodovia]	motorway
a berma	hard shoulder
a rua de sentido único	one-way street
a faixa	lane
a faixa dos autocarros	bus lane

a faixa para bicicletas	cycle lane
o sinal de trânsito	road sign
o sinal de stop	stop sign
o semáforo	traffic lights
o passeio	pavement
a passadeira	pedestrian crossing
a passagem de nível	level crossing
a curva	bend
o cruzamento	crossroads
o acesso	junction
o trevo	motorway junction
a rotunda	roundabout
a portagem [BP o pedágio]	toll
a área de serviço	service area
o parquímetro	parking meter

de que marca é o carro?
what make is the car?

não se importa de verificar o nível do óleo?
could you check the oil?

meta a terceira!
get into third gear!

ponha o cinto de segurança!
fasten your seat belt!

ele/ela ia a 110 quilómetros à hora
he/she was doing 110 km/h

em Portugal, conduz-se pela direita
in Portugal, they drive on the right

tiraram-lhe a carta de condução
he lost his licence

fiquei sem gasolina
I've run out of petrol

enganou-se (enganaste-te) no caminho
you've gone the wrong way

demos uma boleia
we picked up a hitch-hiker

vou buscá-lo(buscar-te) às 5
I'll pick you up at 5

Inf conduzes que nem um louco!
you drive like a maniac!

Inf o trânsito estava de morrer
the traffic was murder

Inf ela ainda conduz aquela lata velha
she's still driving that old banger

See also section

53 ACCIDENTS.

crescer	to grow
florir	to flower
florescer	to bloom
secar	to dry up
murchar	to wither
morrer	to die

a paisagem — landscape

o campo	field
o prado	meadow
a floresta	forest
o bosque	wood
a charneca	moor
o charco	marsh
o pântano	swamp
o deserto	desert
a selva	jungle

as plantas — plants

a planta	plant
a árvore	tree
o arbusto	shrub, bush
o raiz	root
o galho	twig
o botão	bud
o tronco	trunk
o ramo	branch
a flor	flower
o botão	blossom
a folha	leaf
a casca	bark

a pinha	pine cone
a castanha	chestnut
a bolota	acorn
a baga	berry
o trevo	clover
o cogumelo (comestível)	(edible) mushroom
o cogumelo venenoso	toadstool
os fetos	ferns
a erva	grass
a urze	heather
o azevinho	holly
a hera	ivy
o visco	mistletoe
o musgo	moss
o junco	reed
a vinha	vine
as ervas daninhas	weeds

as árvores

trees

a conífera	conifer
a árvore de folhas caducas	deciduous tree
a árvore de folhas perenes	evergreen
o abeto	fir tree
o ácer	maple tree
a bétula	birch
o carvalho	oak tree
o castanheiro	chestnut tree
o castanheiro-da-índia	horse chestnut tree
o cedro	cedar
o choupo	poplar
o cipreste	cypress
o eucalipto	eucalyptus
a faia	beech
a nogueira	walnut tree
o olmo	elm
o pinheiro	pine tree

o plátano	plane tree
o teixo	yew tree

as árvores de fruto	fruit trees
a ameixoeira	plum tree
a amendoeira	almond tree
a cerejeira	cherry tree
o damasqueiro	apricot tree
a figueira	fig tree
a framboeseira	raspberry bush
a groselheira-negra	blackcurrant bush
a groselheira-vermelha	redcurrant bush
a laranjeira	orange tree
o limoeiro	lemon tree
a macieira	apple tree
o morangueiro	strawberry plant
a oliveira	olive tree
a pereira	pear tree
o pessegueiro	peach tree
a silveira	blackberry bush

as flores	flowers
as flores silvestres	wild flowers
o caule	stem
a pétala	petal
o pólen	pollen
a anémona	anemone
o cravo	carnation
o crisântemo	chrysanthemum
a dália	dahlia
o dente-de-leão	dandelion
as ervilhas-de-cheiro	sweetpeas
o espinheiro	hawthorn
o galanto	snowdrop
o gerânio	geranium
o girassol	sunflower
o íris	iris

o jacinto	hyacinth
o jasmim	jasmine
o lilás	lilac
o lírio	lily
o lírio-do-vale	lily of the valley
a madressilva	honeysuckle
a margarida	daisy
o miosótis	forget-me-not
o narciso	narcissus, daffodil
a orquídea	orchid
a papoila	poppy
a petúnia	petunia
a primavera	primrose
o ranúnculo	buttercup
o rododendro	rhododendron
a rosa	rose
a túlipa	tulip
a violeta	violet

as rosas estão a começar a dar flor
the roses are just coming into blossom

as cerejeiras estão em flor
the cherry trees are in full bloom

vamos apanhar cogumelos
let's go and pick some mushrooms

See also sections

28 ANIMALS, 29 THE ENVIRONMENT, 47 AT THE SEASIDE *and* **48 GEOGRAPHICAL TERMS.**

ladrar	to bark
miar	to miaow
ronronear	to purr
rosnar	to growl
rugir	to roar
mugir	to moo
balir	to bleat
relinchar	to neigh
grunhir	to grunt
chiar	to squeak
cacarejar	to cluck
cantar	to crow
o habitat	habitat
o ninho	nest
a toca	hole, burrow
o canil	kennel
a jaula	cage
a gaiola	birdcage
a coelheira	hutch
o tanque	tank

os animais domésticos — pets

o cão [BP o cachorro]	dog
a cadela	bitch
o cachorro	puppy [BP dog]
o gato	cat
o gatinho	kitten
o coelho	rabbit
o porquinho-da-índia	guinea pig

o hamster	hamster
o gerbilo	gerbil
o peixinho vermelho	goldfish
o peixe tropical	tropical fish

os animais da quinta — farm animals

a vaca	cow
o touro	bull
o bezerro	calf
o vitelo	calf
o boi	ox
o cavalo/a égua	horse/mare
o potro	foal
o burro	donkey
a mula	mule
a ovelha	sheep, ewe
o carneiro	ram
o cordeiro	lamb
o borrego	lamb
a cabra/o bode	nanny-/billy-goat
o cabrito	kid
o porco/a porca	pig/sow
o galo/a galinha	cock/hen
o pinto	chick
o peru	turkey
o pato	duck
o patinho	duckling
o ganso	goose

os animais selvagens — wild animals

o mamífero	mammal
o peixe	fish
o réptil	reptile
carnívoro	carnivore
herbívoro	herbivore
omnívoro	omnivore
vertebrado	vertebrate

invertebrado	invertebrate
a pata	leg, paw
o casco	hoof
as garras	claws
a cauda	tail
a crina	mane
o focinho	snout
a tromba	trunk
o antílope	antelope
a baleia	whale
o búfalo	buffalo
o camelo	camel
o canguru	kangaroo
o castor	beaver
o cervo	stag, deer
o chimpanzé	chimpanzee
a coala	koala
o elefante	elephant
o esquilo	squirrel
a foca	seal
a gazela	gazelle
a girafa	giraffe
o golfinho	dolphin
o gorila	gorilla
o hipopótamo	hippopotamus
o javali	wild boar
o leão/a leoa	lion/lioness
a lebre	hare
o leopardo	leopard
o lobo	wolf
o macaco	monkey
o orangutango	orang-utan
o ouriço	hedgehog
a rã	frog
a raposa	fox

a ratazana [BP o rato]	rat
o rato [BP o camundongo]	mouse
o sapo	toad
a tartaruga	tortoise, turtle
o tigre	tiger
a toninha	porpoise
a toupeira	mole
o tubarão	shark
o urso	bear
o urso polar	polar bear
o veado	deer
a zebra	zebra

os répteis   reptiles

a serpente	snake
a cobra	snake
a cobra de capelo	cobra
o cascavel	rattlesnake
a jibóia	boa
a víbora	adder
a minhoca	worm
a enguia	eel
o crocodilo	crocodile
o jacaré	alligator
o lagarto	lizard
o dinossauro	dinosaur

os pássaros   birds

a asa	wing
a ave	bird
a ave de rapina	bird of prey
o bico	beak
as garras	talons
a pata	foot
a pluma	feather
a pena	feather
o abutre	vulture

a águia	eagle
a andorinha	swallow
a avestruz	ostrich
o canário	canary
a cegonha	stork
o cisne	swan
a coruja	owl
o corvo	crow
a cotovia	lark
o cuco	cuckoo
o estorninho	starling
o faisão	pheasant
o falcão	falcon
o flamingo	flamingo
a gaivota	seagull
a garça	heron
o martim-pescador	kingfisher
o melro	blackbird
o mocho	owl
o papagaio	parrot
o pardal	sparrow
o pavão	peacock
a pega	magpie
o periquito	budgie
o pinguim	penguin
o pisco de peito ruivo	robin
a pomba	dove
o pombo	pigeon
a rola	dove
o rouxinol	nightingale

os insectos

insects

a abelha	bee
a aranha	spider
a barata	cockroach
a borboleta	butterfly
a carraça	tick

a centopeia	centipede
a formiga	ant
o gafanhoto	grasshopper
o grilo	cricket
a joaninha	ladybird
a lagarta	caterpillar
a libélula	dragonfly
a mariposa	moth
a mosca	fly
o mosquito	mosquito
a melga	midge
a pulga	flea
a vespa	wasp
o vespão	hornet

See also sections

27 NATURE *and* **29 THE ENVIRONMENT.**

poluir	to pollute
destruir	to destroy
cortar	to cut down
derreter	to melt
queimar	to burn
reciclar	to recycle
reutilizar	to reuse
ser ambientalista	to be green
deitar fora	to throw away
separar o lixo	to sort one's rubbish

os problemas / problems

o ambiente	environment
a floresta tropical	rainforest
a calota glacial	ice cap
o ecosistema	ecosystem
a camada do ozono	ozone layer
a poluição	pollution
a chuva ácida	acid rain
o smog	smog
o clima	climate
as alterações climáticas	climate change
a catástrofe ambiental	environmental disaster
a maré negra	oil spill
a catástrofe nuclear	nuclear disaster
a desflorestação	deforestation
o incêndio florestal	forest fire
o efeito de estufa	greenhouse effect
os gases de estufa	greenhouse gases
o aquecimento global	global warming

as emissões de dióxido de carbono	carbon emissions
os resíduos tóxicos	toxic waste
o aterro sanitário	landfill site
o aerossol	aerosol
os clorofluorcarbonetos	CFCs
o pesticida	pesticide

as solucãos — solutions

a reciclagem	recycling
o vidrão	bottle bank
que não emite dióxido de carbono	carbon neutral
os combustíveis fósseis	fossil fuels
a energia renovável	renewable energy
a gasolina sem chumbo	unleaded petrol
a conservação	conservation
a agricultura biológica	organic farming
o parque eólico	wind farm
a energia solar	solar power

o/a conservacionista	conservationist
o/a activista ambiental	environmental campaigner
o grupo de pressão	pressure group
o activista	activist
o/a verde	Green
o/a activista ambiental	ecowarrior

---

as questões ambientais interessam-me muito
I'm very interested in green issues

precisamos de reduzir as emissões de dióxido de carbono
we need to cut carbon emissions

o Homem está a destruir o planeta
Man is destroying the planet

 Homework help

Many people are concerned about... **Muitas pessoas preocupam-se com...**	climate change. **as alterações climáticas.**
	the greenhouse effect. **o efeito de estufa.**
	the destruction of the rainforests. **a destruição da floresta tropical.**
	pollution. **a poluição.**
	nuclear power. **a energia nuclear.**
We need to... **É preciso...**	save the planet. **salvar o planeta.**
	save energy. **poupar energia.**
	protect wildlife. **proteger a natureza.**
	cut pollution. **reduzir a poluição.**
People should... **As pessoas deviam...**	sort their rubbish. **separar o lixo.**
	recycle more. **reciclar mais.**
	turn out the lights to save energy. **desligar as luzes para pouparem energia.**
	drive smaller cars. **ter carros mais pequenos.**

take fewer flights.
viajar menos de avião.

eat organic food.
comer produtos biológicos.

| Otherwise... | we will run out of fuel. |
| Caso contrário,... | **esgotar-se-ão os combustíveis.** |

animals will become extinct.
deixará de haver animais.

there will be floods/droughts.
ocorrerão cheias/secas.

people will get ill/die.
as pessoas adoecerão/morrerão.

See also sections

27 NATURE, 34 TOPICAL ISSUES *and* **48 GEOGRAPHICAL TERMS.**

30 Como Está O Tempo?
What's the weather like?

chover	to rain
chuviscar	to drizzle
nevar	to snow
gelar	to be freezing, to freeze
granizar, cair granizo	to hail
cair chuva-neve	to sleet
soprar	to blow
brilhar	to shine
estar nevoeiro	to be foggy
estar neblina	to be misty
derreter	to melt
piorar	to get worse
melhorar	to improve
mudar	to change
clarear	to clear up
encoberto	overcast
(e)nublado	cloudy
enevoado	foggy; misty
descoberto	clear
tempestuoso	stormy
pesado	close
abafado	muggy
seco	dry
quente	warm, hot
frio	cold
gelado	icy
ameno	mild
agradável	pleasant
mau	bad

horrível	awful
variável	changeable
húmido	damp; humid
chuvoso	rainy
ao sol	in the sun
à sombra	in the shade
o tempo	weather
a temperatura	temperature
a previsão meteorológica	weather forecast
o boletim meteorológico	weather report
o/a apresentador(a) do boletim meteorológico	weather man/girl
o clima	climate
a atmosfera	atmosphere
a pressão alta/baixa	high/low pressure
a frente fria/quente	cold/warm front
a melhoria	improvement
a piora	worsening
o termómetro	thermometer
o grau	degree
o barómetro	barometer
o céu	sky

a chuva — rain

a gota de chuva	raindrop
a chuva torrencial	downpour
o aguaceiro	shower
a trovoada	(thunder)storm
o granizo	hail
a pedrinha de granizo	hailstone
a nuvem	cloud
o orvalho	dew
o chuvisco	drizzle
o nevoeiro	fog
a bruma	mist
o charco	puddle

a inundação	flood
o trovão	thunder
o relâmpago	lightning
a faísca	(flash of) lightning
o raio	(flash of) lightning
a aberta	sunny interval
o arco-íris	rainbow
a humidade	humidity

o frio — cold weather

a chuva com neve	sleet
a neve	snow
o floco de neve	snowflake
a queda de neve	snowfall
a tempestade de neve	snowstorm
a avalancha	avalanche
a bola de neve	snowball
o limpa-neve	snowplough
o boneco de neve	snowman
a geada	frost
a camada de geada	heavy frost
o gelo	ice
o degelo	thaw

o bom tempo — good weather

o sol	sun
o raio de sol	ray of sunshine
o calor	heat
a vaga/onda de calor	heatwave
a canícula	scorching heat
a seca	drought

o vento — wind

a corrente de ar	draught
a rajada de vento	gust of wind
o vento norte	North wind
a brisa	breeze
o vento forte	gale

o furacão	hurricane
o ciclone	cyclone
o tornado	tornado
a tempestade	storm

faz sol
the sun's shining

faz vento
it's windy

estão trinta graus à sombra
it's thirty degrees in the shade

estão seis graus abaixo de zero
it's minus six

está sol/nevoeiro/um gelo
it's sunny/foggy/icy

está a chover (a cântaros)
it's raining (cats and dogs)

está a nevar
it's snowing

está a trovejar
it's thundering

está bom/mau tempo
the weather is good/bad

esta sala está gelada!
it's freezing in this room!

estou a derreter de calor/estou gelado
I'm sweltering/freezing

tivemos sorte com o tempo
we've been lucky with the weather

qual é a previsão do tempo para o fim-de-semana?
what's the forecast for the weekend?

que tempo horrível!
what awful weather!

Inf **está a chover a potes**
it's chucking it down

31 A FAMÍLIA E OS AMIGOS

FAMILY AND FRIENDS

ser parente de	to be related to
casar-se (com)	to get married (to)
ficar noivo/a (de)	to get engaged (to)
ter filhos	to have children
adoptar	to adopt
ser adoptado	to be adopted
ser orfão/orfã	to be an orphan

a família	**the family**
o parente	relative
os pais	parents
a mãe	mother
o pai	father
a mamã	mum
o papá	dad
os filhos	children *(sons and daughters)*
as crianças	children; babies
o filhinho/a filhinha	little boy/girl
o bebé	baby
o filho/a filha	son/daughter
o filho único/a filha única	only child
os filhos adoptivos	adopted children
os pais adoptivos	adoptive parents
a família de acolhimento	foster family
o irmão/a irmã	brother/sister
o irmão gémeo/a irmã gémea	twin brother/sister
o meio-irmão/a meia-irmã	half-brother/-sister
o avó/a avô	grandfather/grandmother
os avós	grandparents

o neto/a neta	grandson/granddaughter
os netos	grandchildren
o sobrinho/a sobrinha	nephew/niece
o bisavô/a bisavó	great-grandfather/-grandmother
a mulher	wife
o marido	husband
o esposo/a esposa	spouse
o noivo/a noiva	fiancé(e)
o parceiro	partner
a madrasta	stepmother
o padrasto	stepfather
o enteado/a enteada	stepson/stepdaughter
o sogro/a sogra	father-/mother-in-law
os sogros	in-laws
o genro	son-in-law
a nora	daughter-in-law
o cunhado/a cunhada	brother-/sister-in-law
o tio/a tia	uncle/aunt
o/a primo/a	cousin
a madrinha	godmother
o padrinho	godfather
o afilhado/a afilhada	godson/goddaughter

os amigos — friends

o/a amigo/a	friend
o amigo chegado	close friend
o namorado/a namorada	boyfriend/girlfriend
o conhecido/a conhecida	acquaintance
o vizinho/a vizinha	neighbour

---

tem (tens) irmãos?
have you got any brothers and sisters?

não tenho irmãos
I have no brothers or sisters

sou filho/a único/a
I'm an only child

a minha mãe está à espera de bebé
my mother is expecting a baby

---

gosto muito da sua (tua) irmã/prima/tia
I like your sister/cousin/aunt very much

sou o/a mais velho/a
I am the oldest

o meu irmão mais velho tem 17 anos
my big brother is 17

a minha irmã mais velha é cabeleireira
my eldest sister is a hairdresser

estou a tomar conta da minha irmãzinha
I'm looking after my little sister

o meu irmão mais novo chucha no dedo
my youngest brother sucks his thumb

a Lola é a sua melhor amiga
Lola is her best friend

(ele) é um amigo meu
he's a friend of mine

eles dão-se bem
they get on well

não são aparentados
they are not related

têm família no Brasil
they have relatives in Brazil

Inf **os miúdos deles são muito giros**
their kids are really cute

Inf **os meus sogros estão a dar comigo em doido!**
my in-laws are driving me nuts!

Note

False friend: the Portuguese word **os parentes** refers to relatives in general, not necessarily parents. The word for 'parents' is **os pais**. Remember that the singular **o pai** means 'father'.

See also section

8 IDENTITY AND AGE.

32 A Escola e A Educação

SCHOOL AND EDUCATION

ir à escola	to go to school
fazer a chamada	to take the register
estudar	to study
aprender	to learn
ensinar	to teach
decorar	to learn by heart
fazer os trabalhos de casa	to do one's homework
perguntar	to ask
responder	to answer
pôr o dedo no ar	to put one's hand up
ir ao quadro	to go to the blackboard
saber	to know
corrigir	to correct, to mark
ter nota para passar	to get a pass-mark
rever	to revise
fazer um exame	to sit an exam
passar nos exames	to pass one's exams
reprovar num exame	to fail an exam
cabular [BP colar]	to cheat
fazer gazeta	to play truant
repetir um ano	to repeat a year
expulsar	to expel
suspender	to suspend
ficar de castigo	to get detention
ser suspenso	to be suspended
ser expulso	to be expelled
castigar	to punish

ausente	absent
presente	present
inteligente	intelligent
estudioso	studious
trabalhador	hardworking
aplicado	diligent
distraído	inattentive
indisciplinado	undisciplined
traquinas	naughty
popular	popular
o infantário	nursery school
o jardim de infância	kindergarten
a escola primária	primary school
a escola secundária	secondary school
o colégio	secondary school
a escola politécnica	polytechnic college
o ensino superior	higher education
o instituto técnico	technical college
o internato	boarding school
a escola pública/privada	state/private school
a escola nocturna	night school
a universidade	university

na escola   at school

a sala de aula	classroom
o gabinete do director	headmaster's office
a sala dos professores	staffroom
a biblioteca	library
o laboratório	laboratory
o labatório de línguas	language lab
o gabinete de orientação profissional	careers centre
o ginásio	gym
o refeitório	dining hall, refectory
a cantina	canteen
o pátio de recreio	playground

o gabinete médico	infirmary
o cacifo	locker

a sala de aula — the classroom

a carteira	desk
a secretária do professor	teacher's desk
a mesa	table
a cadeira	chair
o quadro	blackboard; whiteboard
o quadro interactivo	interactive whiteboard
o giz	chalk
o pano	duster
o retroprojector	overhead projector
o slide para retroprojector	OHP slide
a pasta	schoolbag
o caderno	exercise book
o manual	textbook
o livro	book
o dicionário	dictionary
o estojo	pencil case
a esferográfica	ballpoint pen, Biro®
a caneta (de tinta permanente)	(fountain) pen
a caneta de ponta de feltro	felt-tip pen
o lápis	pencil
o porta-minas	propelling pencil
o apara-lápis [BP o apontador]	pencil sharpener
a borracha	rubber
a folha de papel	sheet of paper
o pincel	paintbrush
o tubo de tinta	(tube of) paint
os lápis coloridos	coloured pencils
a régua	ruler
o compasso	pair of compasses
o transferidor	protractor
o esquadro	set-square
a calculadora de bolso	pocket calculator
o computador	computer

a educação física — PE

o equipamento de desporto	gym kit
o campo de jogos	playing field
o cavalo (de arções)	horse
o colchonete	mat
a rede	net
a bola	ball

os professores e alunos — teachers and pupils

o/a director(a)	headmaster/headmistress
o/a professor(a)	teacher
o/a professor(a) do ensino primário	primary-school teacher
o/a professor(a) de português	Portuguese teacher
o/a professor(a) particular	private tutor
o/a professor(a) substituto/a	supply teacher
o/a orientador(a)	counsellor
o/a orientador(a) profissional	careers advisor
o enfermeiro/a enfermeira	nurse
o secretário/a secretária escolar	school secretary
o aluno/a aluna	pupil
o/a estudante	student
o interno/a interna	boarder
o amigo/a amiga da escola	schoolfriend
o/a colega da escola	classmate
o rufião/a rufiona	bully
o preferido/a preferida do professor	teacher's pet

o ensino — teaching

o trimestre	term
o horário	timetable
a matéria	subject
a disciplina	subject
a lição	lesson
a aula	lesson, class
a turma	class *(of pupils)*

o período	period
o furo	free period
o programa	syllabus
o comportamento	behaviour
o curso	course
a aula de inglês	English class
as aulas particulares	private tuition
as línguas	languages
o português	Portuguese
o francês	French
o alemão	German
o espanhol	Spanish
a tradução	translation
o vocabulário	vocabulary
a gramática	grammar
a conjugação	conjugation
a ortografia	spelling
a leitura	reading
a escrita	writing
a literatura	literature
o romance	novel
o conto	short story
a peça	play
o poema	poem
a matemática	maths
a álgebra	algebra
a aritmética	arithmetic
a geometria	geometry
a trigonometria	trigonometry
o cálculo	sum
a subtracção	subtraction
a multiplicação	multiplication
a divisão	division
a equação	equation
o problema	problem
o círculo	circle

o triângulo	triangle
o quadrado	square
o rectângulo	rectangle
o ângulo	angle
o ângulo recto	right angle
a superfície	surface
o volume	volume
o cubo	cube
o diâmetro	diameter
a história	history
a geografia	geography
a ciência	science
a biologia	biology
a química	chemistry
a física	physics
a filosofia	philosophy
a psicologia	psychology
a sociologia	sociology
a gestão	business studies
a informática	IT
a música	music
o teatro	drama
a arte	art
os trabalhos manuais	crafts, CDT
a economia doméstica	home economics
a educação física	PE
a educação religiosa	religious education
o trabalho escolar	coursework
o trabalho de casa	homework
o exercício	exercise
a pergunta	question
a resposta	answer
a redacção	essay, composition
o ensaio	essay, dissertation
o projecto	project

a apresentação	presentation
o teste escrito	written test
o teste oral	oral test
o exame	exam
a frequência	mid-term exam
a falta	mistake
o erro	error, mistake
a boa/má nota	good/bad mark
o resultado	result
a aprovação	pass mark
o relatório	report
o prémio	prize
a bolsa de estudos	scholarship
a disciplina	discipline
o castigo	punishment
o quarto de hora académico, os quinze minutos da praxe	15-minute allowance for lateness
o intervalo	break
o recreio	break
a campainha	bell
as actividades extra-curriculares	after-school activities
as férias escolares	school holidays
as férias do Natal	Christmas holidays
as férias da Páscoa	Easter holidays
o início das aulas/do ano lectivo	beginning of school year
a viagem de estudo	school trip
o intercâmbio	exchange visit

a universidade — university

o/a estudante	student
o/a (estudante) não licenciado	undergraduate
o/a (estudante) licenciado	graduate
o/a (estudante) pós-graduado	postgraduate
o/a professor(a)	lecturer
o/a professor(a) catedrático/a	professor
o/a orientador(a)	tutor
o curso	course

a formação em alternância	sandwich course
a palestra	lecture
o seminário	tutorial
o seminário	seminar
o anfiteatro	lecture theatre
a residência académica	hall of residence
a associação académica	students' union
o departamento	department
a dissertação	dissertation
a tese	thesis
o certificado	certificate
o diploma	diploma
a formatura	degree, qualification
a licenciatura	bachelor's degree
o bachelerato	polytechnic degree *(3 or 4 years)*
o mestrado	master's degree
o doutorado	PhD, doctorate
a entrega dos diplomas	graduation (ceremony)
a queima das fitas	rag week

---

a campainha tocou
the bell has gone

não entreguei o meu trabalho na hora/a horas/a tempo
I didn't hand in my work on time

ele está a estudar direito na universidade
he's studying law at university

tenho um curso de pós-graduação em gestão
I've got a postgraduate qualification in management

temos duas horas de matemática hoje
we have double maths today

Inf **a aula de história foi uma seca**
I was bored stiff in that history class

Inf **a minha irmã anda na universidade**
my sister's at uni

Note

★ In Portugal there is a special phrase to describe the first fifteen minutes of a class, during which people may arrive late: this period is known as o quarto de hora académico or os quinze minutos da praxe. In schools and universities students typically allow fifteen minutes for a late teacher to arrive, while teachers do not mark pupils absent until that time has elapsed. The phrase is also used in everyday life to imply that it is acceptable to be a little late.

★ *False friends:* the Portuguese word o colégio means 'high school'. A college of further or higher education is called a faculdade.

If someone is described as educado in Portuguese, it means they are polite or well brought-up and is nothing to do with academic achievement. The word for 'educated' is instruído.

 Homework help

My favourite subject is...	
A minha disciplina preferida é...	

My least favourite subject is...	
A disciplina de que menos gosto é...	

When I finish school I want to...	go to university.
Quando acabar a escola quero...	**ir para a universidade.**
	study to be a doctor/lawyer.
	estudar para ser médico/advogado.

train as a hairdresser/childminder.
**tirar o curso de cabeleireiro/
educador de infância.**

get a good job.
arranjar um bom emprego.

go travelling.
viajar.

I think...
Penso que...

it's important to study languages/
history/maths.
**é importante estudar línguas/
história/matemática.**

we have too much homework/too
many exams.
**temos demasiado trabalho de
casa/demasiados exames.**

we should have more ... lessons
at school.
**podíamos ter mais aulas de ... na
escola.**

we do too much... at school.
**temos demasiadas aulas de ... na
escola.**

we should have nicer/healthier
school dinners.
**as refeições na escola deviam ser
melhores/mais saudáveis.**

we need to stop bullying in
schools.
**é necessário acabar com o
rufianismo nas escolar**

However,...
Contudo,...

going to university is expensive.
frequentar a universidade é caro.

some people find studying boring/
    difficult.
**algumas pessoas acham que
    estudar é aborrecido/difícil.**

it will be useful in the future.
será útil para o futuro.

Note

Note the following expression:
ir para a universidade
to go to university

We use the preposition para here because it is considered a
permanent or long-term move. The preposition a is used when
going somewhere on holiday or for a short period of time.

See also section

9 WORK AND JOBS.

33 O DINHEIRO
MONEY

comprar	to buy
vender	to sell
gastar	to spend
pedir emprestado (a)	to borrow (from)
emprestar (a)	to lend (to)
dever	to owe
pagar	to pay
pagar com cheque	to pay by cheque
pagar em dinheiro	to pay cash
devolver	to pay back
reembolsar	to reimburse
pagar uma dívida	to pay off a debt
trocar	to (ex)change
trocar um cheque	to cash a cheque
comprar a crédito	to buy on credit
pagar em prestações	to pay in instalments
creditar	to credit
levantar dinheiro	to withdraw money
depositar dinheiro	to pay in money
transferir dinheiro	to transfer money
poupar	to save
fazer economias	to save money, to economize
fazer contas	to do one's accounts
estar a descoberto	to be in the red
ter saldo negativo	to be overdrawn
ir à falência	to go bankrupt
rico	rich
podre de rico/a	loaded
pobre	poor

falido	broke
milionário	millionaire
o dinheiro	money
a moeda	coin; currency
a nota	banknote
uma nota de 10/50 euros	ten-/fifty-euro note
o dinheiro líquido	cash
o troco	change
o porta-moedas	purse
a carteira	wallet
as poupanças	savings
a despesa	expense
o subsídio	allowance
o banco	bank
a banca	banking
a banca pela Internet	online banking
a caixa de poupança	savings bank
o câmbio	bureau de change
a taxa de câmbio	exchange rate
a caixa	till, cash desk
o balcão	counter
a caixa automática	cash dispenser, ATM
o multibanco	cash dispenser, ATM
o/a gerente do banco	bank manager
o empregado bancário/a empregada bancária	bank clerk
a conta bancária	bank account
a conta corrente	current account
a conta a prazo	savings account
a conta de depósitos	deposit account
a conta com juro elevado	high-interest account
o levantamento	withdrawal
a transferência	transfer
o extracto de conta	bank statement

o cartão de crédito	credit card
o cartão de débito	debit card
o cheque	cheque
o livro/talão de cheques	chequebook
o formulário	form
o vale postal/do correio	postal order
o crédito	credit
a dívida	debt
o empréstimo	loan
o descoberto bancário	overdraft
os juros	interest
a hipoteca	mortgage
a inflação	inflation
o imposto	tax
o IVA	VAT
o orçamento	budget
a moeda	currency
a divisa	foreign currency
a Bolsa	Stock Exchange
o euro	euro
o cêntimo	cent
a libra esterlina	pound sterling
o pence	pence
o dólar	dollar

gostava de trocar 200 libras em euros
I'd like to change 200 pounds into euros

estou a poupar para comprar uma mota
I'm saving up to buy a motorbike

levantei 1000 euros a descoberto
I have an overdraft of 1000 euros

pode emprestar-me dinheiro?   **devo-lhe 10 euros**
can you lend me some money?   I owe him/her/you 10 euros

é difícil para mim viver com o dinheiro que recebo
I find it hard to make ends meet

pedi 1000 euros emprestados ao meu pai
I borrowed 1000 euros from my dad

transferi o dinheiro para a minha conta bancária
I transferred the money to my bank account

Inf **estou teso**   *Inf* **é um roubo!**
I'm broke   that's a rip-off!

Inf **(ela) gasta o dinheiro todo em sapatos**
she blows all her money on shoes

Inf **o apartamento deles custou os olhos da cara**
their flat cost an arm and a leg

Inf **(ele) é um forreta**
he's such a tightwad

Note

False friend: the word a taxa means 'rate' (as in a taxa de câmbio –
the exchange rate). The word for 'tax' is o imposto.

 ## Homework help

These days people... **Hoje em dia, as pessoas...**	spend too much on credit cards. **gastam demasiado dinheiro com cartões de crédito.**
	get into debt easily. **endividam-se facilmente.**

	do their banking online.
	tratam das coisas do banco pela Internet.
I'm worried about... **Preocupa-me...**	getting into debt. **endividar-me.**
	not having enough money. **não ter dinheiro suficiente.**
	my bank details being stolen. **que os meus dados bancários sejam roubados.**
It annoys me that... **Irrita-me...**	I can't afford the things I want. **não poder comprar as coisas que quero.**
	I don't get enough pocket money. **não ter dinheiro de bolso que chegue.**
	clothes/video games are so expensive. **que a roupa seja tão cara/que os jogos de vídeo sejam tão caros.**
I need to... **Preciso de...**	get a weeked job. **arranjar um trabalho para o fim-de-semana.**
	find a well-paid job. **arranjar um trabalho bem pago.**
	save money. **poupar dinheiro.**
	learn how to budget. **aprender a orçar.**

See also sections

9 WORK AND JOBS *and* **18 SHOPPING.**

34 TEMAS ACTUAIS
TOPICAL ISSUES

discutir	to discuss
debater	to debate
protestar	to protest
brigar	to argue, to quarrel
criticar	to criticize
defender	to defend
sugerir	to suggest
insistir	to insist
persuadir	to persuade
considerar	to consider
pensar	to think
achar	to think
crer	to believe
mudar de opinião	to change one's mind
por	for
contra	against
a favor de	in favour of
oposto a	opposed to
intolerante	intolerant
tolerante	broad-minded
o tema	topic, subject
o problema	problem
a briga	argument
a sociedade	society
os preconceitos	prejudice
a moral	morals
a atitude	attitude
a crença	belief

a demonstração	demonstration
a marcha	march
o distúrbio	riot
a guerra	war
a paz	peace
o processo de paz	peace process
o desarmamento	disarmament
as armas nucleares	nuclear weapons
os aliados	allies
a Europa	Europe
a UE	EU
o euro	euro
o alargamento da UE	European enlargement
a superpotência	superpower
o Médio Oriente	Middle East
o terrorismo	terrorism
o/a terrorista	terrorist
o ataque terrorista	terrorist attack
o bombardeamento	bombing
o bombardeamento suícida	suicide bombing
o/a bombista suícida	suicide bomber
o 11 de Setembro	September 11
o extremismo	extremism
a pobreza	poverty
o desemprego	unemployment
a falta de abrigo	homelessness
a área desfavorecida	deprived area
o bairro (de habitação) social	council estate
a criminalidade	crime
a violência	violence
a violência doméstica	domestic violence
o assalto	assault
o assédio sexual	sexual harassment
o abuso infantil	child abuse

o abuso sexual	sexual abuse
o pedófilo	paedophile
a gravidez das adolescentes	teenage pregnancy
a contracepção	contraception
o aborto	abortion
a SIDA [BP o AIDS]	AIDS
a pressão do grupo	peer pressure
o rufianismo	bullying
a igualdade	equality
a igualdade de direitos	equal rights
o sexismo	sexism
o/a sexista	sexist
o feminismo	feminism
o/a feminista	feminist
os direitos dos homossexuais	gay rights
a união civil	civil partnership
a deficiência	disability
o racismo	racism
o negro/a negra	black person
o/a imigrante	immigrant
a imigração	immigration
a integração	integration
o gueto	ghetto
o refugiado/a refugiada	refugee
o campo de refugiados	refugee camp
o refugiado político/a refugiada política	political refugee
o asilo político	political asylum
a ditadura	dictatorship
a corrupção	corruption
os direitos humanos	human rights
a tortura	torture
a perseguição	persecution
a pena de morte	death penalty

o tráfico de pessoas	people trafficking
a prostituição	prostitution
o comércio de armas	arms trade
os diamantes de guerra	conflict diamonds
o trabalho infantil	child labour
o comércio justo	fair trade
o álcool	alcohol
o alcoólico/a alcoólica	alcoholic
a bebezaina	binge drinking
a proibição de fumar	smoking ban
o tabaco	tobacco
o tabagismo	smoking
o tabagismo passivo	passive smoking
as drogas (pesadas/leves)	(hard/soft) drugs
o abuso de drogas	drug abuse
a toxicodependência	drug addiction
a toxicomania	drug addiction
o haxixe	hashish
a cocaína	cocaine
a heroína	heroin
o ecstasy	ecstasy
o tráfico de droga	drug trafficking
o traficante	dealer
o ambiente	environment
a conservação	conservation
a reciclagem	recycling
a espécie ameaçada de extinção	endangered species
os direitos dos animais	animal rights
o vegetarianismo	vegetarianism
o gene	gene
a comida geneticamente modificada	genetically-modified food
o embrião	embryo
a célula estaminal	stem cell

a clonagem	cloning
o clone	clone
a eutanásia	euthanasia

---

concordo/não concordo consigo (contigo)
I agree/disagree with you

creio que tem (tens) razão
I think you're right

creio que está (estás) errado
I think you're wrong

(ele) interessa-se muito pelos direitos dos animais
he's very interested in animal rights issues

devíamos fazer mais para ajudar os sem-abrigo
we should do more to help the homeless

os deficientes são muitas vezes descriminados
disabled people are often discriminated against

o que pensas do aborto?
what's your opinion on abortion?

Inf **treta!**
that's rubbish!

Note

The translation of 'to be interested in' depends on the context:

interessar-se por...
to have a general interest in...

estar interessado em...
to be interested in ... (just now)

Note also that 'to be right' is translated as *ter* razão, whereas 'to be wrong' is *estar* errado.

Homework help

I'm for/against... **Sou a favor/contra...**	I approve/disapprove of... **Aprovo/não aprovo...**
I believe in/don't believe in... **Acredito/não acredito em...**	It's important to... **É importante...**
We need to do more to fight... **Precisamos de fazer mais para lutar contra...**	
We need to stop/reduce... **Precisamos de parar/reduzir...**	We need to improve/increase... **É necessário melhorar/aumentar...**
People could... **As pessoas podiam...**	The government should... **O governo devia...**
I think it's shocking that... **Acho chocante que ...**	people have to sleep on the streets. **as pessoas tenham de dormir na rua.**
	racism still exists. **ainda haja racismo.**
	gay people are discriminated against. **os homossexuais sejam discriminados.**
I'm scared of... **Tenho medo...**	being mugged. **de ser roubado.**
	a terrorist attack. **que haja um ataque terrorista.**
I'm worried about... **Preocupa-me...**	scientists cloning humans. **que os cientistas clonem humanos.**
	the spread of AIDS. **o avanço da sida.**
It would be better if... **Seria melhor que...**	drugs were legalised. **as drogas fossem legalizadas.**

we joined the euro.
aderíssemos ao euro.

there were tighter immigration
controls.
**o controlo da imigração fosse mais
rigoroso.**

See also sections

16 SMOKING *and* **29 THE ENVIRONMENT.**

35 A POLÍTICA

POLITICS

governar	to govern, to rule
reinar	to reign
organizar	to organize
manifestar	to demonstrate
ir às urnas	to go to the polls
eleger	to elect
votar (a favor/contra)	to vote (for/against)
reprimir	to repress
abolir	to abolish
suprimir	to get rid of
legalizar	to legalize
nacionalizar	to nationalize
privatizar	to privatize
internacional	international
nacional	national
político	political
governamental	governmental
democrático	democratic
conservador	conservative
liberal	liberal
trabalhador	labour
radical	radical
republicano	republican
democrata social	social democrat
democrata cristão	Christian democrat
socialista	socialist
comunista	communist
marxista	Marxist
fascista	fascist

nacionalista	nationalist
anarquista	anarchist
capitalista	capitalist
extremista	extremist
verde	green
ambientalista	environmentalist
de direita	right-wing
de esquerda	left-wing
de centro	centre
de centro-direita	centre-right
de centro-esquerda	centre-left
moderado	moderate
o governo	government
o parlamento	parliament
o conselho de ministros	Cabinet
a Assembleia da República	Portuguese Parliament
o primeiro-ministro/a primeira-ministra	Prime Minister
o/a Presidente	President
o chefe de Estado	Head of State
o ministro/a ministra	minister
o/a Ministro/a dos Negócios Estrangeiros	Foreign Secretary
o/a Ministro/a da Administração Interna	Home Secretary
o deputado/a deputada	MP
o/a senador(a)	senator
o político/a política	politician
a política	politics
a diplomacia	diplomacy
as eleições	elections
o partido político	political party
o Partido Socialista (PS)	Socialist Party
o Partido Social Democrata (PPD/PSD)	Social Democratic Party *(centre-right)*

POLÍTICA

o Partido Popular (CDS/PP)	People's Party *(conservative)*
o Partido Comunista Português (PCP)	Communist Party
o Partido Ecologista 'os Verdes' (PEV)	Green Party
a Coligação Democrática Unitária (CDU)	Unitarian Democratic Coalition *(between Communist and Green parties)*
o candidato/a candidata	candidate
a campanha eleitoral	election campaign
a opinião pública	public opinion
a sondagem de opinião	opinion poll
o/a cidadão	citizen
as negociações	negotiations
o debate	debate
a lei	law
a constituição	constitution
a democracia	democracy
o socialismo	socialism
o comunismo	communism
o fascismo	fascism
a ditadura	dictatorship
o pacifismo	pacifism
a liberdade	freedom
a glória	glory
o escândalo	scandal
a corrupção	corruption
a crise	crisis
a manifestação	demonstration
o golpe (de estado)	coup
a revolução	revolution
os direitos humanos	human rights
a nação	nation
o país	country

o estado	state
a república	republic
a monarquia	monarchy
a pátria	native land
a aristocracia	aristocracy
a classe média	middle classes
a classe trabalhadora	working classes
o povo	the people
o rei/a rainha	king/queen
o príncipe/a princesa	prince/princess
a ONU (as Nações Unidas)	UN (United Nations)
a UE (a União Europeia)	EU (European Union)
a NATO	NATO

---

a Turquia candidatou-se à adesão à UE
Turkey has applied to join the EU

o governo vai realizar um referendo sobre o euro
the government are holding a referendum on the euro

o partido ganhou cinco lugares na última eleição
the party gained five seats in the recent election

 Homework help

If I were the Prime Minister I would say/do/make...
Se fosse primeiro-ministro diria/faria...

Young people...	aren't interested in politics.
Os jovens...	**não se interessam pela política.**
	don't understand politics.
	não percebem de política.
	think politicians don't listen to them.
	acham que os políticos não os ouvem.

| | don't trust politicians. |
| | **não confiam nos políticos.** |

| I think... | it's important to vote. |
| **Penso que...** | **é importante votar.** |

| | politicians should focus more on youth issues. |
| | **os políticos deviam centrar-se mais em questões relacionadas com os jovens.** |

| | the government should do more to help poor people/asylum seekers. |
| | **o governo devia fazer mais para ajudar os pobres/os refugiados.** |

| | the voting age should be lowered/raised. |
| | **a idade de votar devia ser reduzida/aumentada.** |

| People should vote because... | it's a chance to have your say. |
| **As pessoas deviam votar porque...** | **é a sua oportunidade de se pronunciarem.** |

| | we're lucky to live in a democracy. |
| | **temos sorte de vivermos numa democracia.** |

| | women fought very hard to get the vote. |
| | **as mulheres lutaram muito pelo direito de voto.** |

| Some people don't vote because... | they're too lazy. |
| **Algumas pessoas não votam porque...** | **são perguiçosas.** |

they can't decide who to vote for.
não conseguem decidir por quem votar.

they think all the parties are the same.
acham que todos os partidos são iguais.

See also section

34 TOPICAL ISSUES.

36 A Comunicação

Communicating

dizer	to say, to tell
falar	to talk, to speak
repetir	to repeat
cavaquear [BP bater papo]	to chat
acrescentar	to add
declarar	to declare
fazer uma declaração	to make a statement
exprimir	to express
insistir	to insist
alegar	to claim
conversar (com)	to converse (with)
informar	to inform
indicar	to indicate
mencionar	to mention
prometer	to promise
gritar	to shout, to yell
guinchar	to shriek
sussurrar	to whisper
murmurar	to murmur
tartamudear	to mumble
gaguejar	to stammer
enervar-se	to get worked up
responder	to reply
retorquir	to retort
argumentar	to argue
brigar	to quarrel
discutir	to discuss
supor	to assume
persuadir	to persuade
convencer	to convince

influenciar	to influence
(des)aprovar	to (dis)approve
concordar (com)	to agree (with)
contradizer	to contradict
contestar	to contest
objectar	to object
exagerar	to exaggerate
acentuar [BP enfatizar]	to emphasize
prever	to predict
confirmar	to confirm
pedir desculpa	to apologize
fingir	to pretend
enganar	to deceive
desapontar	to disappoint
lisonjear	to flatter
criticar	to criticize
negar	to deny
admitir	to admit
confessar	to confess
reconhecer	to recognize
explicar	to explain
gesticular	to gesticulate
duvidar	to doubt
fofocar	to gossip
a conversa	conversation
a discussão	discussion
o diálogo	dialogue
a entrevista	interview
o discurso	speech
a conferência	lecture
o debate	debate
o congresso	conference
a declaração	statement
a palavra	word

a bisbilhotice [BP a fofoca]	gossip
a opinião	opinion
a ideia	idea
o ponto de vista	point of view
o argumento	argument, quarrel
o tema	subject, topic
o mal-entendido	misunderstanding
o acordo	agreement
o desacordo	disagreement
a crítica	criticism
a objecção	objection
a confissão	confession
o microfone	microphone
o megafone	megaphone
convencido	convinced
convincente	convincing
francamente	frankly
geralmente	generally
naturalmente	naturally, of course
certamente	certainly, of course
absolutamente	absolutely
realmente	really
talvez	maybe, perhaps
sem dúvida	undoubtedly
mas	but
contudo	however
ou	or
e	and
porque	because
portanto	therefore
daí	therefore
graças a	thanks to
apesar de	despite
salvo	except
excepto	except

sem	without
com	with
quase	almost
se	if

ele estava bastante zangado – estava?
he was quite angry – was he?

é um argumento muito convincente, não é?/não achas?
it's a very convincing argument, isn't it?/don't you think?

ela defendeu/ ela argumentou contra…
she argued for/against…

não apoio as ideias dele
I don't approve of his ideas

Note

★ *False friend:* the Portuguese word a frase means 'sentence'. The word for 'phrase' is a expressão.

★ The word 'argument' has various possible translations in Portuguese, depending on the context:

reasoning, logical claim	o argumento
discussion, debate	a discussão
quarrel	a briga

See also sections

34 TOPICAL ISSUES *and* **38 THE TELEPHONE.**

37 A CORRESPONDÊNCIA
LETTER WRITING

escrever	to write
escrevinhar	to scribble
anotar	to jot down
dactilografar	to type
soletrar	to spell
assinar	to sign
enviar	to send, to post
chegar	to arrive
entregar	to deliver
receber	to receive
selar	to seal
pôr um selo em	to put a stamp on
pesar	to weigh
pôr no correio	to post
devolver	to send back
fazer seguir	to forward
responder	to reply
corresponder-se com	to correspond with
legível	legible
ilegível	illegible
escrito à mão	handwritten
dactilografado	typed
por avião	by airmail
por expresso	by express mail
registado	by registered mail
por mensageiro	by courier
a carta	letter
o e-mail	e-mail

o correio electrónico	e-mail
o fax	fax
o correio	mail
a correspondência	correspondence, letters
a data	date
a assinatura	signature
o sobrescrito	envelope
o envelope	envelope
o endereço	address
o destinatário	addressee
o remetente	sender
o código postal [BP o CEP]	postcode
o selo	stamp
a caixa de correio	postbox
a recolha	collection
a estação de correios	post office
o balcão	counter
o guichet	counter, desk
a tarifa postal	postage
o carimbo de correio	postmark
o pacote	parcel
o (bilhete) postal	postcard
o aviso de recepção	acknowledgement of receipt
o formulário	form
o vale postal	postal order
o carteiro/a carteira	postman/postwoman
o/a correspondente	penfriend
a caligrafia	handwriting
a esferográfica	pen
o lápis	pencil
a caneta (de tinta permanente)	fountain pen
o computador	computer
a nota	note
o cabeçalho	letterhead
o texto	text

a página	page
o parágrafo	paragraph
a frase	sentence
a linha	line
a palavra	word
o título	title
a margem	margin

o cartão (de aniversário)	(birthday) card
a carta de agradecimento	thank-you letter
o convite	invitation
a carta de amor	love letter
o aviso	announcement card *(for weddings etc)*
os pêsames	condolences
a reclamação	complaint

queria três selos para o Reino Unido, se faz favor
I'd like three stamps for the UK please

depois confirmo todos os pormenores por fax
I'll confirm all the details by fax

mando-te um e-mail amanhã
I'll e-mail you tomorrow

(ela) tem uma escrita horrível!
her handwriting is appalling!

Note

False friend: the Portuguese translation of 'recipient' (of a letter) is o/a destinatário/a. The word o recipiente means 'container'.

 *Homework help*

Starting the letter

Dear Mum and Dad, **Querida mãe e pai,**	Dear Paulo/Carolina, **Caro Paulo/Cara Carolina,**
Dear Sir/Madam, **Caro Senhor/Cara Senhora,**	Messrs Pereira, **Exmos. Srs. Pereira,**
Dear all, **Olá a todos!**	Hi Manoel! **Olá Manoel!**
How are you? **Como está (estás)?**	I hope you are well. **Espero que esteja (estejas) bem.**

Thank you for your letter.
Obrigado/a pela sua (tua) carta.

It was great to hear from you.
Gostei imenso de ter notícias suas (tuas).

Purpose of the letter

I'm writing to... **Escrevo a...**	ask for... **solicitar...**
	thank you for... **agradecer-lhe (agradecer-te) pro...**
	wish you... **desejar-lhe (desejar-te)...**
	tell you... **informá-lo/la (informar-te)...**
	invite you... **convidá-lo/la (convidar-te)...**
Please could you... **Por favor, podia...**	send me... **enviar-me...**

tell me...
dizer-me...

confirm...
confirmar...

I'm sending you...
Envio-lhe (Envio-te)...

Please find enclosed/attached...
Junto envio...

Finishing the letter

Please do not hesitate to contact me.
Não hesite (hesites) em contactar-me.

I look forward to hearing from you.
Aguardo notícias suas (tuas).

Write back soon!
Escreva (escreve) em breve!

Give my love to Maria.
Dá lembranças minhas à Maria.

Kind regards,
Com os meus melhores cumprimentos,

Yours sincerely,
Atentamente,

Yours faithfully,
Cordiais saudações,

Love,
Um abraço,

Lots of love from...
Beijinhos....

See also section

39 COMPUTERS AND THE INTERNET.

38 O Telefone
The telephone

chamar	to call
ligar	to ring (up)
telefonar a	to telephone, to ring
fazer um telefonema/uma chamada	to make a phone call
ligar para alguém	to give somebody a ring
levantar o auscultador	to lift the receiver
marcar o número	to dial the number
marcar o número errado	to dial a wrong number
desligar	to hang up
voltar a telefonar	to call back
responder	to answer
cortar	to cut somebody off
tocar	to ring *(of phone)*
deixar uma mensagem	to leave a message
enviar uma mensagem	to text
cobrar	to charge *(mobile)*
recarregar	to top up
o telefone	phone
o telefone sem fios	cordless phone
o receptor	earpiece
o gravador	answering machine
o atendedor de chamadas	voicemail
o cartão telefónico	phone card
o sinal de marcação	dialling tone
a lista telefónica	phone book
as Páginas Amarelas	Yellow Pages®
a cabine telefónica	phone box
o telefonema	phone call
a chamada	call
a chamada de longa distância	long-distance call

a chamada local	local call
a chamada a cobrar no destino	reverse charge call
o número verde	Freefone® number
o número de tarifa majorada	premium-rate number
a marcação rápida	speed dial
o indicativo	dialling code
o número	number
o número errado	wrong number
a linha	line
as informações	directory enquiries
o telemóvel [**BP** o celular]	mobile phone
a mensagem de texto	text message
a SMS	text (message)
o texto intuitivo	predictive text
a mensagem de imagem	picture message
o telefone com câmara/vídeo	camera/video phone
o toque	ringtone
o cartão de carregamento	top-up card
o contrato	contract
o crédito	credit
a rede	network
o sinal	signal
o recarregador	charger
ocupado	engaged
a falar	engaged
avariado	out of order

---

telefonei à minha mãe
I phoned my mother

o telefone está a tocar
the phone's ringing

quem fala?
who's speaking?

fala a Gabriela
it's Gabriela speaking

está lá, fala o Pedro
hello, this is Peter speaking

gostaria de falar com o João
I'd like to speak to John

---

o/a próprio/a
speaking

não desligue
hold on

lamento ele/ela não está
I'm sorry, he's/she's not here

está ocupado/a falar
it's engaged

ninguém atende
there's no answer

caiu a linha
we got cut off

quer deixar mensagem?
would you like to leave a
  message?

pode dizer-lhe que liguei?
can you tell her I called?

o meu número é dois três zero quatro cinco dois
my number is 230452

desculpe, enganei-me no número
sorry, I've got the wrong number

um momento, que já lho passo
one moment, I'll just hand you over to him

já não tenho crédito
I've run out of credit

aqui não tenho sinal
I can't get a signal here

envia-me uma mensagem hoje à noite
text me tonight

eu envio-te o meu endereço por telemóvel
I'll text you my address

Note

Note that the verb telefonar is followed by the preposition a, with
the person receiving the call as the indirect object:

telefonei ao Paulo
I phoned Paul

See also section

39 COMPUTERS AND THE INTERNET.

39 Os Computadores e A Internet

COMPUTERS AND THE INTERNET

clicar	to click
guardar	to save
apagar	to delete
imprimir	to print
zipar	to zip
unzipar	to unzip
enviar/mandar um e-mail a	to e-mail *(person)*
enviar por correio electrónico	to e-mail *(document)*
responder	to reply
reenviar	to forward
conversar	to chat
navegar	to browse, to surf
pesquisar	to search for
descarregar	to download
carregar	to upload
queimar	to burn
entrar em	to hack into
ir abaixo	to crash

o computador	**the computer**
o portátil	laptop
o ecrã	screen
o monitor	monitor
o rato	mouse
o tapete de rato	mouse mat
a impressora	printer
o scanner	scanner

o teclado	keyboard
a tecla	key
entrar	enter
a barra de espaços	space bar
o cursor	cursor
o ficheiro	file
a pasta	folder
o drive de disquetes	disk drive
o disco	disk
o disco rígido	hard disk
o disquete	floppy disk
o CD-ROM	CD-ROM
o hardware	hardware
o software	software
o programa	program
a folha de cálculo	spreadsheet
a tabela	table
o corrector ortográfico	spellcheck

o correio electrónico e a Internet — e-mail and the Internet

o correio electrónico	e-mail
o endereço electrónico	e-mail address
a conta de correio electrónico	e-mail account
o nome do utilizador	username
a palavra-chave	password
arroba	at-sign
o ponto	dot
o traço	underscore
o spam	spam
a Web	Web
a banda larga	broadband
o modem	modem
o motor	search engine
o navegador	browser
o marcador	bookmark

a visita	hit
o hiperlink	hyperlink
o site	website
a página na Web	webpage
a página principal	home page
a câmara Web	webcam
a sala de conversa	chatroom
o fórum	forum
o painel de mensagens	message board
o fórum de discussão	discussion board
o hospedeiro	host
o internauta	Internet user
o cibercafé	Internet café
o jogo de computador	computer game
a consola de jogos	games console
o/a jogador(a)	gamer
os jogos de apostas em linha	online gaming
o pirata informático/a pirata informática	hacker
o vírus	virus
em linha	online
fora de linha	offline
sem fios	wireless

---

seleccionar 'Imprimir' do menu 'Ficheiro'
select Print from the File menu

tem (tens) banda larga em casa?
have you got broadband at home?

qual é o seu (teu) e-mail? – é j l ponto pereira arroba mail ponto pt
what's your e-mail address? – it's jl.pereira@mail.pt

só quero ver o meu e-mail
I just need to check my e-mail

põe-me (põe-me) no cc?
can you copy me in to the e-mail?

reenviou a piada a toda a turma
he forwarded the joke to the whole class

Inf **é um ás dos computadores**
he's a real computer geek

40 Os Cumprimentos e As Expressões De Cortesia

Greetings and polite phrases

cumprimentar	to greet
dar as boas-vindas a	to welcome
apresentar	to introduce
exprimir	to express
agradecer	to thank
desejar	to wish
dar os parabéns a	to congratulate
pedir desculpa	to apologize
bom dia	good morning
boa tarde	good afternoon/evening
boa noite	good night
olá!	hello!
viva!	hi!
adeus!	goodbye!
prazer (em conhecê-lo)	pleased to meet you
como está?	how are you?
como vai? [BP tudo bem?]	how are things?
até breve	see you soon
até logo	see you later
até já	see you in a minute
até amanhã	see you tomorrow
passe/tenha um bom dia!	have a good day!
passe uma boa tarde!	have a good afternoon!

proveito!/bom apetite!	enjoy your meal!
boa sorte!	good luck!
boa viagem!	safe journey!, have a good trip!
bem-vindo!	welcome!
desculpe!	sorry! excuse me!
perdão!	sorry! pardon me!
como?	sorry?
lamento	I'm sorry
cuidado!	watch out!
sim	yes
não	no
não obrigado	no thanks
(sim) se faz favor	yes please
por favor	please
obrigado	thank you
obrigadinho	thanks very much
muito obrigado	thank you very much
de nada	not at all, you're welcome
não tem de quê	don't mention it
saúde!	cheers!
santinho!	bless you!
está bem	alright, fine
de acordo	OK
tanto melhor	so much the better
tanto pior	too bad
deixe lá!	never mind!
não se incomode!	don't worry!
que pena!	what a pity!

as festas — festivities

Feliz Natal!	Merry Christmas!
Bom Ano Novo!	Happy New Year!
Boas Festas!	Season's Greetings!, Happy Holidays!
felicidades!	best wishes!
Boa Páscoa!	Happy Easter!

feliz aniversário!	**happy birthday!**
parabéns!	**congratulations!**

olá!	**viva!**
hello!	hi!
há quanto tempo!	**olá! Por aqui?**
long time no see!	hello! Fancy meeting you here!
posso apresentar a Ana da Silva?	**desejo-lhe um feliz aniversário**
may I introduce Ana da Silva?	I wish you a happy birthday
aceite minhas condolências/os meus melhores votos	
please accept my condolences/my best wishes	
não me importa	**disponha sempre/é um prazer**
I don't mind	it's a pleasure!
lamento imenso, sinto muito	**como?**
I'm (terribly) sorry!	sorry?, pardon?
desculpe o incómodo	**importa-se que eu fume?**
I'm sorry to bother you	do you mind if I smoke?
desculpe, pode informar-me...?	
excuse me, could you tell me ...?	

Note

The Portuguese tend to be quite formal when speaking to others. They address people using the terms o senhor / a senhora / dona and consider it important to use the correct professional titles. Younger people tend to be less formal among themselves and address each other using the familiar tu form.

41 As Férias

GOING ON HOLIDAY

estar de férias	to be on holiday
viajar	to travel
fazer uma viagem	to go on a journey
fazer um circuito	to go on a tour
reservar	to book, to reserve
reservar através da Internet	to book online
confirmar	to confirm
cancelar	to cancel
anular	to cancel
alugar	to rent *(house, car, equipment)*
arrendar	to rent *(house)*
interessar-se por	to be interested in
informar-se (sobre)	to get information (about)
visitar	to visit
fazer turismo	to go sightseeing
fazer as malas	to pack (one's suitcases)
levar	to take
carregar (com)	to carry, to take
esquecer-se de	to forget
renovar o passaporte	to renew one's passport
fazer um seguro	to take out insurance
vacinar-se	to get vaccinated
controlar	to check
revistar	to search
declarar	to declare
contrabandear	to smuggle
famoso	famous
pitoresco	picturesque
antecipadamente	in advance

as férias	holidays
a viagem organizada	package holiday
o voo de longa duração	long-haul trip
a viagem à volta do mundo	round-the-world trip
a escapadela	short break
as férias de Verão	summer holiday
as férias na neve	winter sports holiday
a viagem de aventura	adventure holiday
a lua-de-mel	honeymoon
o cruzeiro	cruise
a agência de viagens	travel agent's
a reserva	booking
a reserva pela Internet	online booking
o depósito	deposit
o sinal	deposit
a bagagem	luggage
a mala	suitcase
o saco de viagem	travel bag, holdall
a mochila	rucksack
a bolsa de maquilhagem [BP maquilagem]	vanity case
a etiqueta	label
o passaporte	passport
o bilhete de identidade	identity card
o bilhete	ticket
o visto	visa
o cheque de viagem	traveller's cheque
o seguro de viagem	travel insurance
a alfândega	customs
o aduaneiro/a aduaneira	customs officer
a fronteira	border
o itinerário	itinerary
o programa	programme
o horário	timetable

o turismo — tourism

o Turismo	tourist office
o centro de informação turística	tourist information centre

a brochura	brochure
o folheto	leaflet
o postal	postcard
o/a turista	tourist
o estrangeiro/a estrangeira	foreigner
o/a guia	guide
o/a guia de turismo	holiday rep, courier
o guia	guidebook
o guia de conversação	phrasebook
o mapa	map
a visita guiada	guided tour
a visita	visit
a excursão	excursion
o percurso	route
a excursão de autocarro [BP ônibus]	coach trip
o grupo	group
os locais de interesse	places of interest
as atracções	attractions
a cúpola	dome, cupola
a aldeia medieval	medieval village
o bairro antigo	the old town
as escavações	excavations
a obra de arte	work of art
a obra-prima	masterpiece
o museu	museum
a exposição	exhibition, show
a feira	fair
a estadia	stay
a hospitalidade	hospitality
a embaixada	embassy
o consulado	consulate

os símbolos de Portugal — symbols of Portugal

a bandeira portuguesa	Portuguese flag
o galo de Barcelos	Barcelos cockerel *(national symbol)*

a ponte 25 de abril	25 April bridge, Lisbon
o castelo de São Jorge	St George castle, Lisbon
o rio Douro	river Douro
a caravela	ship of the Discoveries
o mosteiro dos Jerónimos	Hironymite monastery, Lisbon
a revolução dos cravos	Carnation Revolution, 1974
as sardinhas assadas	grilled sardines
o vinho verde	young 'green' wine
o vinho do Porto	port (wine)
a Amália	legendary Fado singer
o Fado	Fado music
a guitarra portuguesa	Portuguese guitar
os Lusíadas	national epic poem
as praias algarvias	Algarve beaches

os costumes / customs

o modo de vida	way of life
a cultura	culture
o bar	bar
o café	café, coffee shop
a pastelaria	coffee/cake shop
as especialidades	specialities
o prato típico	traditional dish
o artesanato	crafts
a lembrança	souvenir
a moda	fashion
o traje tradicional	traditional costume
o carnaval	carnival
o dia de Camões	10 June, national day
as festas dos santos populares	Saints' days

nada a declarar
nothing to declare

devemos confirmar a reserva por escrito?
should we confirm our booking in writing?

estou ansioso por ir de férias
I'm looking forward to going on holiday

não se esqueça de levar um mapa de Braga
don't forget to take a map of Braga

Inf **foram umas férias estupendas**
we had a fab time on holiday

Note

To talk about going to a place on holiday, you use the Portuguese preposition **a**:

vou a Londres
I'm going to London

If you were moving to London on a permanent basis, however, you would use **para**:

vou para Londres

 Homework help

During my holidays I...
Nas férias, (eu)...

We went to Paris/the beach/the mountains.
Fomos a Paris/para a praia/para a montanha.

We went with...	I met...
Fomos com...	**Conheci...**

We went by car/train/coach.
Fomos de carro/comboio/autocarro.

We stayed in a hotel/an apartment/a villa.
Ficámos num hotel/num apartamento/numa vivenda.

We visited...
Visitámos...

I went surfing/scuba diving.
Fiz surf/mergulho.

The hotel was lovely/a bit noisy.
O hotel era uma maravilha/um pouco barulhento.

The food was really nice/not very good/unusual.
A comida era excelente/não era muito boa/era um pouco fora de comum.

The weather was lovely/OK/awful.
O tempo esteve excelente/mais ou menos/horroroso.

The people were friendly/rude.
As pessoas eram simpáticas/pouco simpáticas.

The best/worst bit was...
O melhor/pior foi...

I would/wouldn't go back there because...
Voltaria/não voltaria lá porque

I would/wouldn't recommend it because...
Recomendaria/não recomendaria porque...

See also sections

42 RAILWAYS, 43 FLYING, 44 PUBLIC TRANSPORT, 45 AT THE HOTEL, 46 CAMPSITES AND YOUTH HOSTELS, 47 AT THE SEASIDE *and* **48 GEOGRAPHICAL TERMS.**

reservar	to reserve, to book
apanhar um comboio [BP pegar um trem]	to catch a train
perder um comboio [BP trem]	to miss a train
mudar	to change
subir	to get on
sair	to get off
descer	to get off
estar atrasado	to be late
chocar	to crash
descarrilar	to be derailed
à hora	on time
atrasado	late
reservado	reserved
ocupado	taken, occupied
livre	free
não-fumador	non-smoking

a estação — the station

a estação (de caminhos de ferro)	(railway) station
a CP (caminhos-de-ferro portugueses)	Portuguese rail company
os caminhos-de-ferro	railways
a bilheteira [BP a bilheteria]	ticket office
a máquina de venda de bilhetes	ticket machine
as informações	information
o painel das partidas/chegadas	departures/arrivals board
a sala de espera	waiting room
o bar da estação	station buffet
a bagagem	luggage

o carrinho (de malas)	(luggage) trolley
o depósito de bagagem	left-luggage (office)
o passageiro/a passageira	passenger
o/a revisor(a)	ticket collector
o/a chefe do comboio [BP trem]	guard
o porteiro/a porteira	porter

o comboio [BP o trem] — the train

o comboio urbano	local train
o comboio suburbano	commuter train
o comboio directo	direct train
o expresso	express train, fast train
o ALFA (pendular)	ALFA express train
o Intercidades	Intercity train
o comboio da noite	night train

a locomotiva	engine
a locomotiva a vapor	steam engine
a carruagem	coach, carriage
o vagão	coach, carriage
a carruagem/o vagão restaurante	dining car
a carruagem-cama	sleeper
a parte da frente/de trás do comboio	front/rear of the train
o furgão	luggage van
o compartimento	compartment
o beliche	couchette
a casa de banho [BP o banheiro]	toilet
a porta	door
a janela	window
o assento	seat
o porta-bagagens	luggage rack
o alarme	alarm
o alarme	communication cord

o trajecto — the journey

o cais	platform
a plataforma	platform

a linha	track, platform, line
os carris [BP os trilhos]	tracks
a rede	(rail) network
a passagem de nível	level crossing
o túnel	tunnel
a paragem	stop
a chegada	arrival
a partida	departure
a correspondência	connection

os bilhetes — tickets

o bilhete	ticket
a tarifa reduzida	reduced rate
o adulto	adult
a ida (simples)	single (ticket)
a ida e volta	return (ticket)
a primeira (classe)	first class
a segunda (classe)	second class
o passe	season ticket
o cartão (de caminhos-de-ferro)	railcard
o cartão da terceira idade	pensioner's card
a reserva	reservation
o horário	(railway) timetable
os feriados	public holidays
os dias da semana	weekdays
a hora de ponta	peak
fora da hora de ponta	off-peak

---

estou no comboio
I'm on the train

fui para Vila Real de comboio
I went to Vila Real by train

um bilhete de ida para Sintra, se faz favor
a single to Sintra, please

um bilhete de ida e volta para Lagos, se faz favor
a return ticket to Lagos, please

---

a que horas parte o próximo/último comboio para Faro?
when is the next/last train for Faro?

o comboio procedente do Porto tem um atraso de vinte minutos
the train from Porto is twenty minutes late

o comboio vem a horas
the train is running on time

o comboio procedente de Viana vai entrar na linha número onze
the train from Viana is arriving at platform 11

tenho de mudar (de comboio)?
do I have to change?

este comboio pára em Tunes?
does this train stop at Tunes?

desculpe, este lugar está livre?
excuse me, is this seat free?

com licença
excuse me (may I get by?)

é favor afastar-se das portas
stand clear of the doors

o seu bilhete, se faz favor
tickets, please!

este comboio efectua paragem em...
this train calls at...

estive quase a perder o comboio
I nearly missed my train

cheguei mesmo a tempo
I got there just in time

temos de nos apressar para apanhar a ligação
we'll have to run to make our connection

ele/ela veio buscar-me à estação
he/she came and picked me up at the station

ele/ela levou-me à estação
he/she took me to the station

boa viagem!
have a good journey!

43 Os Transportes Aéreos

Flying

viajar de avião	to fly
fazer o check-in	to check in
fazer o check-in pela Internet	to check in online
registar a bagagem	to check one's bags in
passar a segurança	to go through security
descolar	to take off
aterrar [BP aterrissar]	to land
fazer escala	to make a stopover

no aeroporto — at the airport

o aeroporto	airport
o terminal aéreo	air terminal
a pista	runway
o controlo do tráfego aéreo	air-traffic control
o pessoal de terra	ground staff
a companhia aérea	airline
a transportadora aérea de baixo preço	budget airline
as informações	information
o bilhete	ticket
o bilhete electrónico	e-ticket
o check-in	check-in
o auto-check-in	self check-in
o registo de bagagens	baggage check-in
a bagagem de mão	hand luggage
a bagagem de bordo	cabin baggage
o excesso de bagagem	excess baggage
o cartão de embarque	boarding pass
a segurança	security

o suplemento	supplement
a loja franca	duty-free shop
(os produtos de) duty-free	duty-free (goods)
a sala de embarque	departure lounge
o lounge	business lounge
a porta	gate
o embarque	boarding
as chegadas	arrivals hall
a recolha de bagagem	baggage reclaim
o tapete da bagagem	baggage carousel
o aluguer de automóveis	car hire

a bordo — on board

o avião	plane
o jumbo	jumbo jet
a fuzelagem	nose
a cauda	tail
a asa	wing
a hélice	propeller
o corredor	aisle
a janela	window
a classe económica/executiva	economy/business class
o lugar	seat
o compartimento superior	overhead locker
o cinto de segurança	seat belt
a máscara de oxigénio	oxygen mask
o colete de salvação	life jacket
a saída de emergência	emergency exit
os procedimentos de segurança	safety procedures
o filme de bordo	inflight movie

o voo [BP o vôo]	flight
o voo interno	domestic flight
o voo internacional	international flight
o voo de longa/curta duração	long-haul/short-haul flight
o voo charter	charter flight
a altitude	altitude

a partida	departure
a descolagem	take-off
a chegada	arrival
a aterragem [BP a aterrissagem]	landing
a aterragem de emergência	emergency landing
a turbulência	turbulence
a escala	stopover
o atraso	delay
a tripulação	crew
o piloto	pilot
o comissário de bordo	flight attendant, steward
a hospedeira [BP a aeromoça]	flight attendant, stewardess
o passageiro/a passageira	passenger
o/a pirata do ar	hijacker
cancelado	cancelled
atrasado	delayed

deseja um lugar ao lado da janela ou do corredor?
would you like a window or an aisle seat?

tem um excesso de bagagem de 10 kg
your luggage is 10kg overweight

foi o próprio a fazer as suas malas?
did you pack all your bags yourself?

embarque às 2:45
boarding starts at 2.45

embarque imediato na porta número 17
now boarding at gate number 17

última chamada para o voo AB222 para Manchester
last call for flight AB222 to Manchester

apertar o cinto de segurança
fasten your seat belt

a minha bagagem não chegou
my suitcase hasn't arrived

encontrámos um voo barato na Internet
we found a cheap flight online

44 Os Transportes Públicos

Public transport

sair	to get off
descer	to get off
subir	to get on
entrar	to get in
esperar	to wait (for)
chegar	to arrive
mudar	to change
parar	to stop
perder	to miss
viajar sem bilhete	to dodge the fare
mostrar o bilhete	to show one's ticket
o autocarro [BP o ônibus]	bus
o autocarro de dois andares	double-decker bus
o autocarro articulado	bendy bus
o (carro) eléctrico [BP o bonde]	tram
a camioneta	coach
o vaivém	shuttle
o metro	underground, tube
o barco de travessia	ferry
o táxi	taxi
o/a condutor(a)	driver
o/a taxista	taxi driver
o/a motorista de carro eléctrico	tram driver
o/a revisor(a)	inspector *(train)*, conductor *(bus)*
o/a pendular	commuter

a estação de autocarros [BP a rodoviaria]	bus station
a estação de metro	underground station
a paragem de autocarro [BP ônibus]	bus stop
o terminal	terminus
a bilheteira [BP a bilheteria]	booking office
a máquina de venda de bilhetes	ticket machine
a sala de espera	waiting room
as informações	enquiries
a saída	exit
a rede	network
a linha	line
a partida	departure
a direcção	direction
o destino	destination
a chegada	arrival
o lugar	seat
o bilhete	ticket
o preço do bilhete	fare
a caderneta de bilhetes	book of tickets
o passe	season ticket
o passe de autocarro	bus pass
o adulto	adult
a criança	child
a primeira classe	first class
a segunda classe	second class
o desconto	discount, concession
a redução	reduction
o suplemento	excess fare
a hora de ponta	rush hour

estou no autocarro
I'm on the bus

a bordo!
get on the bus!

vou para a escola de autocarro
I go to school by bus

que autocarro posso apanhar para a catedral?
what bus will take me to the cathedral?

onde fica a estação de metro mais próxima?
where is the nearest underground station?

pode avisar-me quando devo sair?
will you tell me when to get off?

são duas paragens
it's two stops from here

desça (desce) em frente da Câmara Municipal
get off at the town hall

See also sections

42 RAILWAYS *and* **43 FLYING.**

fazer o check-in	to check in
fazer o check-out	to check out
pagar a conta	to pay one's bill
pedir serviço de quarto	to order room service
reclamar	to complain
completo	full
sem vagas	no vacancies
fechado	closed
incluído	included
com tudo incluído	all-inclusive
o hotel	hotel
o motel	motel
a pensão	B&B, guesthouse
a residência	guesthouse
o solar	country house
a pousada	state-run luxury hotel
o apartamento	apartment
a vivenda	villa
a casa de campo	cottage
a reserva	booking
a recepção	reception
a pensão completa	full board
a meia pensão	half board
a alta/baixa estação	high/low season
a conta	bill
a gorjeta	tip
o serviço	service

o serviço de quarto	room service
a chamada de despertar	wake-up call
a reclamação	complaint
a recepção	lobby, reception
o restaurante	restaurant
a sala de jantar	dining room
o salão	lounge
a sala de estar	lounge
a entrada	entrance hall, lobby
o bar	bar
o parque de estacionamento	carpark
o elevador	lift
o ascensor	lift
o pequeno-almoço	breakfast
[BP o café da manhã]	
o almoço	lunch
o jantar	dinner
o/a gerente	manager
o/a recepcionista	receptionist
o porteiro	porter, doorman
a empregada de quarto	chambermaid

o quarto — the room

o quarto individual	single room
o quarto de casal	double room
o quarto duplo	twin room
o quarto familiar	family room
a suite	suite
a cama	bed
a cama individual	single bed
a cama de casal	double bed
a cama de criança	cot
o berço	cot, cradle
a roupa da cama	bedding
as toalhas	towels
a casa de banho [BP o banheiro]	bathroom, toilet

o chuveiro	shower
o lavatório	washbasin
a água quente	hot water
o ar condicionado	air conditioning
a varanda	balcony
a vista	view
a televisão por cabo/satélite	satellite/cable TV
o acesso à Internet	Internet access
o minibar	minibar
o cofre	safety deposit box
a chave	key
o cartão	keycard
a saída de emergência	emergency exit
a escada de emergência	fire escape

um hotel de duas/três estrelas
a two-/three-star hotel

tem vagas?
have you got any vacancies?

estamos cheios
we're full

queria um quarto individual/duplo
I'd like a single/twin room

queria um quarto com casa-de-banho
I'd like a room with an ensuite bathroom

a casa-de-banho fica ao fundo do corredor
the bathroom is just down the hall

um quarto com vista para o mar
a room with a sea view

para quantas noites?
for how many nights?

inclui o pequeno-almoço?
is breakfast included?

será possível acordar-me às sete horas?
could you give me a wake-up call at seven?

a chave do quarto 12, se faz favor?
the key for room 12, please

os quartos têm de estar vagos ao meio-dia
check-out time is midday

não incomodar
do not disturb

queríamos pagar
could we pay the bill, please?

onde posso deixar a mala?
is there somewhere I can leave my bag?

podia dar-nos mais um cobertor?
could we have an extra blanket, please?

Inf **ficámos num hotel de luxo**
we stayed in a really posh hotel

46 O Campismo, Caravanismo e As Pousadas De Juventude

Campsites and youth hostels

acampar	to go camping, to camp
fazer campismo	to go camping
fazer campismo selvagem	to camp in the wild
fazer caravanismo	to go caravanning
andar à boleia [BP carona]	to hitch-hike
montar a tenda	to pitch the tent
desmontar a tenda	to take down the tent
dormir ao relento	to sleep out in the open
o acampamento	camping, campsite
o campismo	camping
o parque de campismo	campsite
o parque para caravanas	caravan site
o campista	camper *(person)*
a tenda	tent
a caravana	caravan
o carro-cama	camper van
o atrelado	trailer
o espaço	space
a cama de campismo	camp bed
o colchão de ar	air bed

o tecto duplo	fly sheet
a estaca	peg
a corda (da tenda)	(guy) rope
a fogueira	fire
a fogueira de acampamento	campfire
o fogão de campismo	camping stove
a churrasqueira	barbecue
os fósforos	matches
o Camping Gaz	Calor gas®
a garrafa de gás	gas bottle
a garrafa de água	water bottle
o canivete	penknife
o balde	bucket
a lanterna	torch
a bússola	compass
os sanitários	toilet block
os chuveiros	showers
a casa de banho [BP o banheiro]	toilets
a água potável	drinking water
o contentor de lixo	rubbish bin
o mosquito	mosquito
a área de jogos	play area
o clube infantil	kids' club
o animador	activity leader
a pousada de juventude	youth hostel
o dormitório	dormitory
o quarto privado	private room
um colega de quarto	roommate
o lençol	sheet
a almofada	pillow
o cobertor	blanket
o saco-cama	sleeping bag
a cozinha	kitchen
o refeitório	canteen
a sala de jogos	games room
o cartão de membro	membership card

o recolher obrigatório	curfew
a mochila	rucksack
o mochileiro	backpacker
a boleia [BP a carona]	hitch-hiking
o chalê	chalet
o refúgio de montanha	mountain refuge

podemos acampar aqui?
may we camp here?

é proibido acampar
no camping

queria um lugar para uma tenda por três dias
I'd like a space for one tent for two days

onde podemos estacionar a caravana?
where can we park our camper van?

inclui lençóis
clean sheets are included

Inf **a pousada da juventude era péssima mas os hóspedes eram porreiros**
the youth hostel was a dump but my roommates were cool

nadar	to swim
boiar	to float
esparrinhar	to splash about
mergulhar	to dive
fazer mergulho	to go scuba diving
fazer snorkelling	to go snorkelling
fazer (wind)surf	to go (wind)surfing
fazer esqui aquático	to go waterskiing
fazer parascending	to go parascending
afogar-se	to drown
salpicar	to splash
enjoar	to be seasick
remar	to row
afundar	to sink
virar (barco)	to capsize
embarcar	to go on board
desembarcar	to disembark
fazer buracos na areia	to dig
apanhar/tomar sol	to sunbathe
bronzear-se	to get a tan
ficar queimado	to get sunburnt
escamar	to peel
sombreado	shady
cheio de sol	sunny
bronzeado	tanned
à sombra	in the shade
ao sol	in the sun
a bordo	on board

o mar	sea
a praia	beach
a margem	shore
a cabana	cabin, beach hut
a areia	sand
a duna	sand dune
o cascalho	shingle
a rocha	rock
a falésia	cliff
o sal	salt
a onda	wave
a vaga	wave
a maré alta/baixa	high/low tide
a corrente	current
o remoinho	whirlpool
a poça de água entre as rochas	rock pool
a costa	coast
o porto	harbour
a marina	marina
o cais	quay, pier, jetty
o quebra-mar	pier
o embarcadouro	jetty
o cais de desembarque	landing pier, jetty
a esplanada	esplanade, promenade
a frente de mar	seafront
a feira popular	funfair
o quebra-mar	sea wall
o farol	lighthouse
o salva-vidas	lifeguard
o capitão	captain
o banhista	bather
o nadador	swimmer
o/a surfista	surfer
o/a windsurfista	windsurfer
o fundo do mar	seabed
o mexilhão	mussel
a estrela do mar	starfish

a alforreca	jellyfish
o ouriço do mar	sea urchin
a concha	shell
o peixe	fish
o caranguejo	crab
o tubarão	shark
o golfinho	dolphin
a gaivota	seagull

os barcos — boats

o barco	boat
o navio	ship
o barco a motor	motorboat
o barco a remos/à vela	rowing/sailing boat
a lancha	speedboat
o veleiro	sailing ship
o iate	yacht
o barco de cruzeiro	cruise ship
o ferry (boat)	ferry
o bote (de borracha)	(rubber) dinghy
a canoa	canoe
o barco a pedais	pedalo
o remo	oar
a pagaia	paddle
a vela	sail
a âncora	anchor
o naufrágio	wreck

os utensílios da praia — things for the beach

o fato de banho [BP o maiô]	swimsuit
os calções [BP o calção] de banho	swimming trunks
o biquíni	bikini
os chinelos de dedo	flip flops
a máscara de mergulho	mask
o tubo de respiração	snorkel
as barbatanas	flippers
a bóia	rubber ring
a bóia flutuante	buoy

o colchão pneumático	air mattress, Lilo®
a prancha de surf	surfboard
o guarda-sol	parasol
o corta-vento	windbreak
a espreguiçadeira	deckchair, sun lounger
a toalha de praia	beach towel
o chapéu de sol	sunhat
os óculos de sol	sunglasses
o leite solar	suntan lotion
o balde	bucket
a pá	spade
o castelo de areia	sandcastle
a bola	ball
o Frisbee®	Frisbee®
o piquenique	picnic
o bar de praia	beach bar

---

não sei nadar
I can't swim

é proibido tomar banho
no bathing

ai! fui picado por uma alforreca
ouch! I've been stung by a jellyfish

põe-me (pões-me) creme nas costas?
can you put some suncream on my back?

(ele) está vermelho que nem uma lagosta
he's as red as a lobster

Inf **está uma brasa!**
it's a real scorcher!

Note

Portuguese has two different words for 'to know'. The verb **saber** is used for facts and with skills, in the sense of 'to know how to':

não sei nadar
I can't (= don't know how to) swim

The verb **conhecer** is used with people, meaning 'to be acquainted with' or 'to get to know':

conhece Pedro?
do you know Pedro?

48 Os Termos Geográficos

GEOGRAPHICAL TERMS

o mapa	map
o atlas	atlas
o continente	continent
o país	country
o país em vias de desenvolvimento	developing country
a área	area
a região	region
o bairro	neighbourhood, area
a divisão administrativa	district
a cidade	city, town
a vila	town
a aldeia	village
a capital	capital city
a montanha	mountain
a serra	mountain range
a colina	hill
o monte	hill
a falésia	cliff
o cume	summit
o pico	peak
o desfiladeiro	pass
o planalto	plateau
o glaciar	glacier
o vulcão	volcano
a gruta	cave
a estalactite	stalactite
a estalagmite	stalagmite

o mar	sea
o oceano	ocean
o lago	lake
a lagoa	lagoon; pool
o pântano	marsh, swamp
o rio	river
o ribeiro	stream
a torrente	torrent
o canal	canal; channel
a nascente	spring
a queda de água	waterfall
a costa	coast
a ilha	island
a península	peninsula
o promontório	promontory
a baía	bay
o golfo	gulf
o estuário	estuary
o deserto	desert
a floresta	forest
a floresta tropical	rainforest
o bosque	wood
a selva	jungle
a latitude	latitude
a longitude	longitude
a altitude	altitude
a profundidade	depth
a superfície	surface area, size
a área	area
a população	population
o mundo	world
o universo	universe
os Trópicos	tropics
o Pólo Norte	North Pole

o Pólo Sul	South Pole
o Equador	Equator
a Terra	Earth
o sol	sun
a lua	moon
o planeta	planet
o sistema solar	solar system
Mercúrio	Mercury
Vénus	Venus
Marte	Mars
Júpiter	Jupiter
Saturno	Saturn
Urano	Uranus
Neptuno	Neptune
Plutão	Pluto
a estrela	star
a estrela cadente	shooting star
o cometa	comet
a constelação	constellation
a Via Láctea	Milky Way

qual é a montanha mais alta da Europa?
what is the highest mountain in Europe?

os Países Baixos são um país plano
the Netherlands is a flat country

a Terra gira à volta do sol
the Earth moves around the Sun

See also sections

27 NATURE, 49 COUNTRIES, CONTINENTS ETC *and*
50 NATIONALITIES.

49 Os Países, Continentes etc.

Countries, continents etc

o Afeganistão	Afghanistan
a África do sul	South Africa
a Albânia	Albania
a Alemanha	Germany
Angola	Angola
a Arábia Saudita	Saudi Arabia
a Argélia	Algeria
a Argentina	Argentina
a Austrália	Australia
a Áustria	Austria
a Bélgica	Belgium
a Bósnia	Bosnia
o Brasil	Brazil
a Bulgária	Bulgaria
o Cabo Verde	Cape Verde
o Canadá	Canada
o Chile	Chile
a China	China
Chipre	Cyprus
a Cidade Vaticana	Vatican City
a Croácia	Croatia
a Dinamarca	Denmark
o Egipto	Egypt
a Escócia	Scotland
a Eslováquia	Slovakia
a Eslovénia	Slovenia
a Espanha	Spain
os Estados Unidos	United States

a Estónia	Estonia
os EUA	USA
a Finlândia	Finland
a França	France
o Japão	Japan
a Grã Bretanha	Great Britain
a Grécia	Greece
a Groenlândia	Greenland
a Guiné Bissau	Guiné Bissau
a Holanda	Holland
Hong Kong	Hong Kong
a Hungria	Hungary
a Índia	India
a Indonésia	Indonesia
a Inglaterra	England
o Irão	Iran
o Iraque	Iraq
a Irlanda do Norte	Northern Ireland
a Islândia	Iceland
Israel	Israel
a Itália	Italy
a Letónia	Latvia
o Líbano	Lebanon
a Líbia	Libya
a Lituânia	Lithuania
o Luxemburgo	Luxembourg
a Madeira	Madeira
Malta	Malta
o Marrocos	Morocco
o México	Mexico
Moçambique	Mozambique
a Noruega	Norway
a Nova Zelândia	New Zealand
o País de Gales	Wales
os Países Baixos	Netherlands
a Palestina	Palestine
o Paquistão	Pakistan

a Polónia	Poland
Portugal	Portugal
o Reino Unido	United Kingdom
a República da Irlanda	Republic of Ireland
a República Tcheca	Czech Republic
a Romênia	Romania
a Rússia	Russia
São Tomé e Príncipe	São Tomé and Príncipe
Singapura	Singapore
a Síria	Syria
a Suécia	Sweden
a Suíça	Switzerland
a Tailândia	Thailand
a Tunísia	Tunisia
a Turquia	Turkey
a Ucrânia	Ukraine

os continentes / continents

a Antárctida	Antarctica
a África	Africa
a América	America
a América do Norte	North America
a América do Sul	South America
a Ásia	Asia
a Europa	Europe
a Oceânia	Australasia

as cidades / cities

Amesterdão	Amsterdam
Atenas	Athens
Belfast	Belfast
Berlim	Berlin
Cardiff	Cardiff
Copenhaga	Copenhagen
Dublim	Dublin
Edimburgo	Edinburgh
Estocolmo	Stockholm
Helsínquia	Helsinki

Lisboa	Lisbon
Londres	London
Luxemburgo	Luxembourg
Madrid	Madrid
Moscovo	Moscow
Oslo	Oslo
o Porto	Porto
Pequim	Peking
Praga	Prague
o Rio (de Janeiro)	Rio (de Janeiro)
Roma	Rome
Tallin	Tallinn
Tóquio	Tokyo
Viena	Vienna
Varsóvia	Warsaw
Xanghai	Shanghai

as regiões — regions

a Europa Ocidental/de Leste/Central	Western/Eastern/Central Europe
o Terceiro Mundo	the Third World
o Ocidente	the West
o Oriente	the East
os Balcãs	the Balkans
o Golfo	the Gulf
o Médio Oriente	the Middle East
o Extremo Oriente	the Far East
Trás-os-Montes	Trás-os-Montes
o Minho	the Minho
o Douro	the Douro
a Beira Alta	Beira Alta (Upper)
a Beira Baixa	Beira Baixa (Lower)
a Beira Litoral	Beira Litoral (Coastal)
a Estremadura	Estremadura
o Ribatejo	the Ribatejo
o Alentejo	the Alentejo
o Algarve	the Algarve

os mares, rios e montanhas

os Açores	the Azores
o Mediterrâneo	Mediterranean (Sea)
o Mar do Norte	North Sea
o Atlântico	Atlantic Ocean
o Pacífico	Pacific Ocean
o Índico	Indian Ocean
o oceano Ártico	Arctic Ocean
o Canal da Mancha	English Channel
o Tamisa	Thames
o Tejo	Tagus
o Douro	Douro
o Guadiana	Guadiana
os Alpes	Alps
os Andes	Andes
os Himalaias	Himalayas
os Pirenéus	Pyrenees
as Montanhas Rochosas	Rockies
a Serra da Estrela	Serra da Estrela
a Serra Nevada	Sierra Nevada

as ilhas

os Açores	the Azores
as Antilhas	the West Indies
as Baamas	the Bahamas
Barbados	Barbados
as Bermudas	Bermuda
Corfu	Corfu
Creta	Crete
as Filipinas	the Philippines
as Hébridas	the Hebrides
as Ilhas Baleares	the Balearics
as Ilhas Canárias	the Canaries
as Ilhas Falkland	the Falkland Islands
as Ilhas Faroé	the Faroe Islands
as Ilhas Fiji	Fiji

seas, rivers and mountains

islands

as Ilhas Virgem	the Virgin Islands
a Jamaica	Jamaica
Madagáscar	Madagascar
as Maldivas	the Maldives
Maurícia	Mauritius
as Órcades	the Orkneys
Porto Rico	Puerto Rico
a Sardenha	Sardinia
as Seicheles	the Seychelles
as Shetlands	the Shetlands
a Sicília	Sicily
Trinidade e Tobago	Trinidad and Tobago

passei as férias em Portugal
I spent my holidays in Portugal

gostaria de ir à China
I would like to go to China

vivo em Dover, na Inglaterra
I live in Dover, in England

são de Lisboa
they come from Lisbon

Note

★ In Portuguese, the definite articles a and o are used with all countries except the following: Andorra, Angola, Antígua e Barbuda, Belize, Cabo Verde, Chipre, Cuba, Gibraltar, Granada, Hong Kong, Israel, Macau, Madagáscar, Malta, Marrocos, Mianmar, Moçambique, Nauru, Omã, Palau, Porto Rico, Portugal, Quiribati, Salvador, São Cristóvão e Nevis, São Marino, São Tomé e Príncipe, São Vicente e Granadinas, Singapura, Taiwan, Timor-Leste, Tonga, Tuvalu, Vanuatu, Wallis e Futuna.

★ Do not confuse the countries a Suécia (Sweden) and a Suíça (Switzerland).

See also section

50 NATIONALITIES.

50 AS NACIONALIDADES
NATIONALITIES

estrangeiro	foreign
um estrangeiro/uma estrangeira	foreigner
um inglês/uma inglesa	Englishman/Englishwoman
um português/uma portuguesa	Portuguese man/woman
afegão/ã	Afghan
albanês	Albanian
alemão	German
americano	American
argelino	Algerian
argentino	Argentinian
australiano	Australian
austríaco	Austrian
belga	Belgian
bosníaco	Bosnian
brasileiro	Brazilian
britânico	British
búlgaro	Bulgarian
canadiano [BP canadense]	Canadian
chileno	Chilean
chinês	Chinese
cipriota	Cypriot
croato	Croatian
dinamarquês	Danish
egípcio	Egyptian
escandinavo	Scandinavian
escocês	Scottish
eslovako	Slovakian
esloveno	Slovenian
espanhol	Spanish
estoniano	Estonian

finlandês	Finish
flamengo	Flemish
francês	French
galês	Welsh
grego	Greek
holandês	Dutch
húngaro	Hungarian
indiano	Indian
indonésio	Indonesian
inglês	English
iraniano	Iranian
iraquiano	Iraqi
irlandês	Irish
islandês	Icelandic
israelita	Israeli
italiano	Italian
japonês	Japanese
letão	Latvian
libanês	Lebanese
líbio	Libyan
lituano	Lithuanian
luxemburguês	from Luxembourg
marroquino	Moroccan
mexicano	Mexican
neozelandês	from new Zealand
norueguês	Norwegian
palestiniano	Palestinian
paquistanês	Pakistani
polaco	Polish
português	Portuguese
romeno	Romanian
russo	Russian
sueco	Swedish
suíço	Swiss
sulafricano	South African
tailandês	Thai
tunisino	Tunisian

turco	Turkish
ucraniano	Ukrainian
áreas e as cidades	**areas and cities**
oriental	Oriental
ocidental	Western
africano	African
asiático	Asian
europeu	European
árabe	Arabic
lisboeta	from Lisbon
alfacinha *Inf*	from Lisbon
portuense	from Oporto
tripeiro *Inf*	from Oporto
paulista	from São Paulo
carioca	from Rio (de Janeiro)

os portugueses bebem muito vinho
the Portuguese drink a lot of wine

gosto da comida portuguesa
I like Portuguese food

Note

★ Note that nouns and adjectives of nationality do not take a capital letter in Portuguese.

★ Do not confuse the words sueco (Swedish) and suiço (Swiss).

See also section

51 LANGUAGES.

51 As Línguas

LANGUAGES

aprender	to learn
estudar	to study
decorar	to learn by heart
memorizar	to memorise
compreender	to understand
ler	to read
escrever	to write
soletrar	to spell
falar	to speak
repetir	to repeat
praticar	to practise
pronunciar	to pronounce
traduzir	to translate
aperfeiçoar	to improve
significar	to mean
querer dizer	to mean
procurar	to look up
ser bilingue	to be bilingual
o francês	French
o inglês	English
o alemão	German
o espanhol	Spanish
o português	Portuguese
o italiano	Italian
o grego (moderno)	(modern) Greek
o grego antigo/clássico	classical Greek
o latim	Latin
o russo	Russian
o árabe	Arabic
o chinês	Chinese

o japonês	Japanese
o gaélico	Gaelic
a língua	language
o idioma	language
a língua materna	mother tongue
a língua estrangeira	foreign language
as línguas vivas/modernas	modern languages
o dialecto	dialect
a gíria	slang
o vocabulário	vocabulary
a gramática	grammar
o sotaque	accent
a pronúncia	pronunciation
a tradução	translation
o/a professor(a) de línguas	language teacher
o/a assistente de línguas	language assistant
o laboratório de línguas	language laboratory
o dicionário (bilingue/monolingue)	(bilingual/monolingual) dictionary
o dicionário de sinónimos	thesaurus

---

não compreendo
I don't understand

estou a aprender português
I'm learning Portuguese

a sua língua materna é o inglês
English is his/her native language

o Sérgio tem jeito para línguas
Sérgio is good at languages

ele/ela fala muito mal inglês
he/she speaks English very badly

ele/ela fala russo fluentemente
he/she speaks fluent Russian

não se importa de falar mais devagar?
could you speak more slowly, please?

---

não se importa de repetir?
could you repeat that, please?

traduzir para/de inglês
translate into/from English

procurar no dicionário
look it up in the dictionary

Inf **só sei uma palavra ou duas!**
I can hardly string two words together!

Note

Note that languages do not take a capital letter in Portuguese.

See also section

50 NATIONALITIES.

52 Os Incidentes

INCIDENTS

acontecer	to happen
suceder	to happen
ocorrer	to occur
ter lugar	to take place
encontrar-se	to meet
coincidir	to coincide
colidir	to collide
perder	to miss; to lose
deixar cair	to drop
derramar	to spill
derrubar	to knock over
chocar com	to knock against
bater	to hit
cair	to fall
estragar	to spoil
tropeçar	to trip
causar dano	to damage
partir	to break
quebrar	to break
provocar	to cause
ter cuidado	to be careful
prestar atenção	to pay attention
estar descontraído	to be distracted
esquecer-se (de)	to forget
perder	to lose
procurar	to look for
buscar	to search
reconhecer	to recognize
encontrar	to find
achar	to find

perder-se	to get lost
perder-se no caminho	to lose one's way
perguntar o caminho	to ask the way
distraído	absent-minded
desajeitado	clumsy
descuidado	careless
negligente	careless, thoughtless
inesperado	unexpected
acidentalmente	accidentally
por acaso	by chance
infelizmente	unfortunately
a coincidência	coincidence
a surpresa	surprise
a sorte	luck
o azar	bad luck
a desgraça	misfortune
o acaso	chance
o encontro	meeting
o choque	collision
o descuido	carelessness
o esquecimento	forgetfulness
a queda	fall
o dano	damage
a inadvertência	oversight
a perda	loss
a secção dos perdidos e achados	lost-property office
a recompensa	reward

(ele) caiu
he fell over

caí pelas escadas abaixo
I fell down the stairs

desculpe (desculpa), esqueci-me
sorry, it slipped my mind

---

que coincidência!	cuidado!	
what a coincidence!	watch out!	
que pena!	que sorte a minha!	*Inf* que azar!
what a pity!	just my luck!	what rotten luck!

 Homework help

One day, I... **Um dia, eu...**	
Once I was in town/at the beach and... **Uma vez, estava na cidade/na praia e...**	
Once when I was walking home/playing football... **Uma vez, quando ia para casa/quando estava a jogar futebol...**	
A few weeks/years ago... **Há umas semanas/uns anos atrás...**	Last year... **No ano passado....**
And then... **E depois...**	After that... **Depois disso...**
Suddenly... **De repente...**	Soon... **Rapidamente...**
Later... **Mais tarde**	Finally... **Por último...**
Afterwards... **Depois...**	It just so happened that... **Por acaso....**

53 Os Acidentes
ACCIDENTS

conduzir	to drive
guiar [BP dirigir]	to drive
não dar prioridade	not to give way
passar um sinal vermelho	to go through a red light
derrapar	to skid
rodar	to spin
resvalar	to hurtle down
explodir	to burst
perder o controlo de	to lose control of
capotar	to somersault
chocar com	to run into
bater	to hit
atropelar	to run down; to run over
destruir	to wreck, to destroy
demolir	to demolish
causar dano	to damage
incendiar-se	to catch fire
ficar imobilizado/preso	to be trapped
estar em estado de choque	to be in shock
perder a consciência/os sentidos	to lose consciousness
recuperar os sentidos	to regain consciousness
estar em coma	to be in a coma
voltar a si	to come round
ter morte imediata	to die instantly
escapar	to escape
salvar	to rescue
chamar os serviços de emergência	to call the emergency services
investigar	to investigate
testemunhar	to witness
presenciar	to witness
indemnizar	to compensate

escorregar	to slip, to slide
afogar-se	to drown
sufocar	to suffocate
ficar asfixiado	to be asphyxiated
cair (de)	to fall (from)
cair pela janela	to fall out of the window
apanhar um choque eléctrico	to get an electric shock
electrocutar-se	to electrocute oneself
queimar-se	to burn oneself
escaldar-se	to scald oneself
cortar-se	to cut oneself
bêbado	drunk
ferido	injured
morto	dead
grave	serious
segurado	insured
fatal	fatal
leve	minor *(injury)*

os acidentes rodoviários — road accidents

o acidente	accident
o acidente de automóvel	car accident
o acidente rodoviário	road accident
o acidente de motocicleta	motorbike accident
o atropelamento com abondono de sinistrado	hit-and-run
o código da estrada	Highway Code
a berma	hard shoulder
o choque de automóvel	car crash
o choque em cadeia	pile-up
a colisão	impact
o airbag	airbag
a explosão	explosion
o excesso de velocidade	speeding
o teste do balão	Breathalyser®

a condução em estado de embriaguez	drink driving
a falta de visibilidade	poor visibility
o nevoeiro	fog
a chuva	rain
a camada de gelo na estrada	black ice
o dano	damage

outros acidentes
other accidents

o acidente de comboio	train wreck
o acidente de trabalho	industrial accident
o acidente de montanha	mountaineering accident
a queda	fall
o afogamento	drowning
o choque eléctrico	electric shock
o incêndio	fire

os feridos e as testemunhas
injured persons and witnesses

o ferido	injured person
o ferido grave	seriously injured person
o contuso	slightly injured person
o morto	dead person
a vítima	victim
o sobrevivente	survivor
a testemunha	witness
a testemunha ocular	eye witness
o traumatismo craniano	concussion
a ferida	injury
a queimadura	burn

a ajuda
help

o serviço de urgência	emergency services
a polícia	police
o carro da polícia	police car
os bombeiros	firefighters
o carro de bombeiros	fire engine
o extintor	fire extinguisher

a mangueira	hose
os primeiros socorros	first aid
a ambulância	ambulance
o médico	doctor
o paramédico	paramedic
o estojo de primeiros socorros	first-aid kit
a maca	stretcher
a respiração artificial	artificial respiration
a respiração boca-a-boca	kiss of life
o oxigénio	oxygen
o pronto-socorro	breakdown service
o reboque	breakdown vehicle

as consequências

the consequences

o dano	damage
o prejuízo	damage, harm
a investigação	investigation
o auto	report
o tribunal	court
a multa	fine
a justiça	justice
a sentença	sentence
o seguro	insurance
a responsabilidade	responsibility
a compensação	compensation

---

ajuda!/socorro!
help!

procurar ajuda
go and get help

chamar a ambulância
call an ambulance

testemunhei o acidente
I witnessed the crash

ele/ela foi atropelado/a por uma moto
he/she got run over by a motorbike

ele teve a sorte de escapar só com uns arranhões
he's lucky, he escaped with only a few scratches

---

o meu carro está pronto para a sucata
my car is a write- off

tiraram-lhe a carta de condução
he/she lost his/her licence

Note

False friend: the Portuguese word o prejuízo means 'damage'. The word for 'prejudice' is o preconceito.

See also sections

6 HEALTH, ILLNESSES AND DISABILITIES, 26 CARS, 30 WHAT'S THE WEATHER LIKE? *and* **54 DISASTERS.**

54 Os Desastres

DISASTERS

atacar	to attack
defender	to defend
desmaiar	to collapse
morrer de fome	to starve
entrar em erupção	to erupt
explodir	to explode
sufocar	to suffocate
asfixiar	to asphyxiate, to choke
queimar	to burn
apagar	to put out
extinguir	to extinguish
salvar	to rescue
afundar	to sink
repôr a ordem	to restore order
manter a ordem	to keep the peace

a guerra — war

a guerra civil	civil war
a guerra biológica	biological warfare
o campo de batalha	battlefield
o bombardeamento	bombing
o ataque terrorista	terrorist attack
a arma	weapon
as armas nucleares	nuclear weapons
as armas químicas	chemical weapons
as armas de destruição maciça	weapons of mass destruction
a bomba	bomb
a granada	grenade
o míssil	missile
o foguete	rocket
a bala	bullet

o tanque	tank
o canhão	gun
a arma de fogo	gun, firearm
a metralhadora	machine-gun
a mina	mine
as forças armadas	the armed forces
as forças de paz	peacekeeping forces
o exército	army
a marinha	navy
a força aérea	air force
o soldado	soldier
o general	general
o coronel	colonel
o capitão	captain
o sargento	sergeant
o major	Major
o comando	Marine
o inimigo	enemy
o aliado	ally
os civis	civilians
o refugiado	refugee
a crueldade	cruelty
a tortura	torture
a morte	death
a ferida	wound
a vítima	victim
as tréguas	truce
o tratado	treaty
a vitória	victory
a derrota	defeat
a paz	peace

as catástrofes naturais — natural disasters

a seca	drought
a fome	famine

a subalimentação	malnutrition
a falta/escassez/carência de	lack of
a epidemia	epidemic
o tornado	tornado
o ciclone	cyclone
o furacão	hurricane
o macaréu	tidal wave
o tsunami	tsunami
a inundação	flooding
o tremor de terra	earthquake
a erupção vulcânica	volcanic eruption
a lava	lava
a avalancha	avalanche
o desmoronamento	landslide
o organismo de ajuda	aid agency
a organização de beneficência	relief organization
o salvamento	rescue (operation)
a Cruz Vermelha	the Red Cross
o voluntário/a voluntária	volunteer
a ajuda humanitária	humanitarian aid
o angariamento de fundos	fundraising
a água potável	drinking water
o pacote de ajuda alimentar	food parcel
o abrigo	shelter
os cobertores	blankets
os medicamentos	medication

os incêndios — fires

o incêndio	blaze
o fogo	fire
o fumo	smoke
as chamas	flames
a explosão	explosion
os bombeiros	fire brigade
o bombeiro	firefighter
o carro de bombeiros	fire engine

a escada	ladder
a mangueira	hose
a saída de emergência	emergency exit
o pânico	panic
a ambulância	ambulance
a respiração artificial	artificial respiration
o sobrevivente	survivor

---

socorro!   **fogo!**
help!   fire!

os bombeiros conseguiram controlar o incêndio
firefighters brought the blaze under control

a nossa casa ficou inundada
our home was flooded

há uma guerra civil em Sierra Leone
there is a civil war going on in Sierra Leone

a Grã-Bretanha declarou guerra à Alemanha em 1939
Britain went to war with Germany in 1939

estamos a lutar contra o terrorismo
we are fighting a war on terror

um vulcão entrou em erupção no Japão
a volcano has erupted in Japan

o terramoto deixou milhares de pessoas sem abrigo
the earthquake has left thousands of people homeless

a fome pode vir a causar milhões de mortes
the famine could claim millions of lives

 *Homework help*

The biggest problem in the world today is....
O problema mais grave hoje em dia é...

I think it's terrible that... **É inaceitável que...**	people are dying of starvation. **haja pessoas a morrer à fome.**
	children can't go to school. **haja crianças que não podem ir à escola.**
	people have lost their homes. **haja pessoas que tenham perdido a sua casa.**
	innocent people are being killed/ tortured. **morram/sejam torturadas pessoas inocentes.**
The most important thing is... **O mais importante é...**	to rescue the victims. **socorrer as vítimas.**
	to feed the children. **alimentar as crianças.**
	to educate people. **educar as pessoas.**
	to destroy the regime. **eliminar o regime.**
	to establish peace. **restabelecer a paz.**
We can help by... **Podemos ajudar...**	giving money to charity. **dando dinheiro às organizações de beneficência.**

writing to our MPs.
**escrevendo aos nossos
representantes parlamentares.**

volunteering in the community.
**fazendo trabalho voluntário na
nossa comunidade.**

raising awareness.
sensibilizando as pessoas.

boycotting these products.
boicotando esses produtos.

See also section

53 ACCIDENTS.

55 Os Crimes
CRIME

cometer uma infracção	to commit an offence
roubar	to steal; to rob
assaltar	to burgle; to rob
assassinar	to murder; to assassinate
matar	to kill
apunhalar	to stab
estrangular	to strangle
abater a tiro	to shoot
envenenar	to poison
atacar	to attack
espancar	to beat up
forçar	to force
violar	to rape
exercer chantagem sobre	to blackmail
defraudar	to defraud
enganar	to con
desviar (fundos)	to embezzle
espiar	to spy
prostituir-se	to prostitute oneself
drogar	to drug
drogar-se	to take drugs
raptar	to kidnap
sequestrar	to abduct
fazer reféns	to take hostage
sequestrar	to hijack
incendiar	to set fire to
explodir	to blow up
rebentar	to blow up
danificar	to damage

prender	to arrest
deter	to arrest, to detain
pôr algemas	to handcuff
cercar	to surround
salvar	to rescue, to save
resgatar	to rescue
escapar	to escape
fugir	to flee
investigar	to investigate
interrogar	to question, to interrogate
revistar	to search
acusar	to accuse
defender	to defend
julgar	to try
condenar	to sentence
declarar culpado	to convict
declarar inocente	to acquit
aprisionar	to imprison
libertar	to release
manter sob custódia	to be remanded in custody
libertar sob caução	to be released on bail
ter ficha na polícia	to have a police record
culpado	guilty
inocente	innocent
legal	legal
ilegal	illegal

o crime — crime

o roubo	theft
o assalto	burglary
o assalto à mão armada	armed robbery
o desvio/sequestro de avião	hijacking
o ataque	attack
o ataque à mão armada	armed attack
o assassínio	murder, assassination
o homicídio	murder, homicide

o homicídio involuntário	manslaughter
a extorção	extortion
a chantagem	blackmail
a fraude	fraud
o roubo de identidade	identity theft
o rapto	kidnap
a abdução	abduction
a violação	rape
a violência sexual	sexual assault
o abuso	abuse
a crueldade	cruelty
o abandono	neglect
a prostituição	prostitution
o tráfico de pessoas	people trafficking
o tráfico de droga	drug dealing/trafficking
o contrabando	smuggling
a espionagem	spying
o terrorismo	terrorism
o vandalismo	vandalism
os danos do crime	criminal damage
a delinquência juvenil	juvenile delinquency
a perturbação da ordem pública	breach of the peace
o criminoso	criminal
o/a cúmplice	accomplice
o assassino	murderer; assassin
o assassino em série	serial killer
o homicida	murderer, killer
o ladrão	thief
o/a carteirista	pickpocket
o assaltante	burglar
o assaltante armado	armed robber
o ladrão/a ladra	mugger
o/a atacante	attacker
o violador	rapist
o delinquente sexual	sex offender
o chulo	pimp

o proxeneta	pimp
o raptor	kidnapper
o refém	hostage
o burlão/a burlona	confidence trickster
o falsificador	forger, counterfeiter
o traficante de drogas	drug dealer/trafficker
o/a contrabandista	smuggler
o/a jovem delinquente	young offender
o/a menor	minor
o submundo	the underworld

as armas
weapons

a pistola	pistol
a pistola de ar	air rifle
a espingarda	gun, rifle
o revólver	revolver
a faca	knife
o punhal	dagger
o veneno	poison
o soco	punch
o pontapé	kick

a polícia
police

o/a polícia	police officer
o/a polícia à paisana	plain-clothes policeman
o/a inspector(a)	detective, inspector
o/a superintendente	superintendent
o esquadrão [BP a delegacia] do vício	vice squad
a brigada de repressão de fraudes	fraud squad
o posto de polícia	police station
o auto	report
as investigações	investigations
o inquérito	enquiry
a rusga	raid
a pista	clue
a prova	evidence, proof
os dados	evidence, information

o carro da polícia	police car
o carro de polícia	police van
a sirene	siren
o cão polícia	police dog
o cão farejador de droga	sniffer dog
o informador	informer
a matraca	truncheon
as algemas	handcuffs
o capacete	helmet
o escudo	shield
o gás lacrimogénio	tear gas

o sistema judiciário — the legal system

o caso	(court) case
o processo	(court) case
o julgamento	trial
o tribunal	court
o acusado	accused
a vítima	victim
as provas	evidence
a testemunha	witness
o advogado	lawyer
o juiz	judge
os jurados	jurors
a defesa	defence
a sentença	sentence
a pena	sentence
a absolvição	acquittal
a pena suspensa	suspended sentence
a comutação de pena	reduced sentence
a multa	fine
a liberdade condicional	probation
o serviço comunitário	community service
o registo criminal	criminal record
a reclusão	imprisonment
a prisão	prison, imprisonment
a prisão perpétua	life sentence

a pena de morte/capital	death sentence
a cadeira eléctrica	electric chair
a morte por enforcamento	hanging
o erro judiciário	miscarriage of justice
a reabilitação	rehabilitation

ele/ela foi condenado/a a 20 anos de prisão
he/she was sentenced to 20 years' imprisonment

a polícia está a investigar o caso
the police are investigating the case

ameaçou-a com pistola
he threatened her with a gun

(ele) burlou-a e ficou com todas as economias que ela tinha
he conned her out of her life savings

pare, ladrão!   **deviam ser presos!**
stop thief!   they should be locked up!

Inf **(ele) está na cadeia**   *Inf* **fanaram-me a bicicleta**
he's in the slammer   my bike got nicked

56 As Aventuras e Os Sonhos

ADVENTURES AND DREAMS

jogar	to play
brincar	to play
divertir-se	to have fun
imaginar	to imagine
fazer de conta	to pretend
disfarçar-se (de)	to dress up (as)
acontecer	to happen
esconder-se	to hide
escapar-se	to escape
perseguir	to chase
descobrir	to discover
explorar	to explore
ousar	to dare
brincar às escondidas	to play hide-and-seek
ler a sina	to tell fortunes
adivinhar o futuro	to see the future
sonhar	to dream
devanear	to daydream
ter um sonho	to have a dream
ter um pesadelo	to have a nightmare

as aventuras

adventures

a aventura	adventure
o jogo	game
a viagem	journey
a evasão	escape
a fuga	escape, getaway
o disfarce	disguise
o acontecimento	event

a descoberta	discovery
o acaso	chance
a sorte	luck
o azar	bad luck
o perigo	danger
o risco	risk
o esconderijo	hiding place
a gruta	cave
a ilha	island
o tesouro	treasure
a coragem	courage
a cobardia	cowardice

os contos de fadas e lendas
fairy tales and legends

o belo príncipe	handsome prince
o príncipe encantado	Prince Charming
a madrasta malvada	wicked stepmother
a princesa	princess
o pirata	pirate
o feiticeiro	wizard
o mágico	magician
o bruxo/a bruxa	sorcerer/witch
a fada	fairy
o génio	genie
o/a quiromante	fortune teller
o gnomo	gnome
o diabinho	imp
o duende	goblin, elf
o anão	dwarf
o gigante	giant
o monstro	monster
o ogre	ogre
a fantasma	ghost
o vampiro	vampire
o lobishomem	werewolf
o dragão	dragon

a floresta	forest
o bosque	wood(s)
a casa assombrada	haunted house
o cemitério	cemetery
o mocho	owl
o gato preto	black cat
o morcego	bat
o extraterrestre	alien
a nave espacial	spaceship
o OVNI	UFO
o final feliz	happy ending
a magia	magic
a superstição	superstition
o feitiço	spell
o encanto	spell
o segredo	secret
a varinha mágica	magic wand
a poção mágica	magic potion
o tapete voador	flying carpet
a vassoura	broomstick
a bola de cristal	crystal ball
os tarot	tarot cards
as linhas da mão	lines of the hand
a lua cheia	full moon
a astrologia	astrology
o zodíaco	zodiac
o signo	star sign
o horóscopo	horoscope
Aquário	Aquarius
Peixes	Pisces
Touro	Taurus
Áries	Aries
Carneiro	Aries
Gêmeos	Gemini
Câncer	Cancer
Caranjuego	Cancer

Leão	Leo
Virgem	Virgo
Libra	Libra
Balança	Libra
Escorpião	Scorpio
Sagitário	Sagittarius
Capricórnio	Capricorn

os sonhos / dreams

o sonho	dream
o pesadelo	nightmare
a imaginação	imagination
o subconsciente	subconscious
a alucinação	hallucination
o despertar	awakening, waking up
o acordar	awakening, waking up

---

sabe (sabes) o que me aconteceu ontem?
do you know what happened to me yesterday?

tive um sonho lindo/pesadelo horrível
I've had a nice dream/horrible nightmare

tem (tens) demasiada imaginação
you let your imagination run away with you

um adivinho leu-me a sina
a fortune teller read my palm

acredita (acreditas) em fantasmas?
do you believe in ghosts?

estão a brincar aos piratas
they're pretending to be pirates

era uma vez uma princesa…
once upon a time there was a princess…

e viveram felizes para sempre.
and they all lived happily ever after

Note

False friends: the Portuguese word o costume means 'habit' or 'custom' (the phrase como de costume means 'as usual'), and is nothing to do with fancy dress. The word for a fancy-dress costume is o fato de fantasia, or o disfarce if it is intended as a disguise.

The Portuguese verb pretender means 'to intend'. The verb 'to pretend' is translated as fazer de conta.

os instrumentos de medição do tempo	**things that tell the time**
tocar	to ring
badalar	to chime
fazer tiquetaque	to tick
fazer a contagem decrescente	to count down
cronometrar	to time
adiantar a hora	to put the clocks forward
atrasar a hora	to put the clocks back
ter jet-lag	to have jetlag
o relógio	clock
o relógio de pulso	(wrist)watch
o relógio digital	digital watch
o relógio de pêndulo	grandfather clock
o relógio de cuco	cuckoo clock
o despertador	alarm clock
o rádio-relógio	clock radio
o cronómetro	stopwatch
o relógio falante	speaking clock
o temporizador	timer
o relógio de campanário	clock tower
a campainha	bell
o relógio de sol	sundial
os ponteiros	hands *(of clock)*
o ponteiro dos minutos	minute hand
o ponteiro das horas	hour hand
o fuso horário	time zone
o tempo médio de Greenwich (TMG)	Greenwich Mean Time (GMT)

a hora de Verão	Summer Time
a hora local	local time

que horas são?

é uma hora	it's one o'clock
são duas/três/onze horas	it's two/three/eleven o'clock
oito horas da manhã	eight am, eight (o'clock) in the morning
oito (horas) e cinco (minutos)	five (minutes) past eight
oito (horas) e um quarto	a quarter past eight
dez (horas) e trinta	ten thirty
dez (horas) e meia	half past ten
onze menos vinte, vinte para as onze	twenty to eleven
onze menos um quarto, um quarto para as onze	a quarter to eleven
doze (horas) e quinze (minutos)	twelve fifteen
duas horas da tarde, catorze [BP quatorze] horas	two pm, two (o'clock) in the afternoon
duas horas, catorze [BP quatorze] e trinta	two thirty (in the afternoon)
dez horas da noite, vinte e duas horas	ten pm, ten (o'clock) in the evening

as divisões do tempo

o tempo	time
a hora	hour; time
o instante	instant
o momento	moment
o segundo	second
o minuto	minute
o quarto de hora	quarter of an hour
a meia-hora	half an hour
três quartos de hora	three quarters of an hour
uma hora e meia	an hour and a half
o dia	day
o amanhecer	sunrise

a aurora	dawn, daybreak
a manhã	morning
o meio-dia	noon
a tarde	afternoon, evening
a noite	evening, night
o entardecer	dusk
o pôr do sol	sunset
a meia-noite	midnight

chegar atrasado/a horas — being late/on time

sair a horas	to leave on time
chegar cedo	to be early
chegar a horas	to be on time
chegar a tempo	to arrive on time
estar atrasado	to be late
atrasar-se	to be behind schedule
despachar-se	to hurry (up)
estar com pressa	to be in a hurry

quando? — when?

quando	when
antes (de)	before
depois (de)	after
durante	during
enquanto	while
cedo	early
tarde	late
agora	now
neste momento	at the moment
de imediato	straightaway
imediatamente	immediately
já	already; straightaway
em breve	shortly, presently, soon
há pouco	a short while ago
depois	afterwards
a seguir	then
então	then
logo	later

enfim	at last
nesse momento	at that time, then
recentemente	recently
entretanto	meanwhile
por enquanto	for the time being
durante muito/pouco tempo	for a long/short time
há muito tempo	a long time ago
sempre	always
muitas vezes	often
frequentemente	frequently
nunca	never
às vezes	sometimes
por vezes	sometimes, occasionally
de vez em quando	once in a while

tem horas (certas)?
do you have the (exact) time?

são duas horas (em ponto)
it's two o'clock (exactly)

são aproximadamente duas horas
it's about two o'clock

ele/ela chegou cerca das três
he/she arrived at around three

a que horas fecham as lojas?
what time do the shops close?

ainda não são horas
it's not time yet

encontramo-nos às quatro horas em ponto
we'll meet at four o'clock sharp

deve ter sido meia-noite quando ele/ela partiu
it must have been midnight when he/she left

o meu relógio adianta-se/atrasa-se
my watch is fast/slow

acertei o meu relógio
I've set my watch to the right time

não tenho tempo para sair
I haven't got time to go out

veste-te depressa
hurry up and get dressed

não se atrase (te atrases)!
don't be late!

vou para a escola de manhã
I go to school in the morning

passei a manhã a estudar
I spent the morning studying

a hora atrasa/adianta este fim-de-semana
the clocks go back/forward this weekend

há uma diferença de seis horas
there's a six-hour time difference

fez a maratona num tempo record
he ran the marathon in record time

Note

False friends: the Portuguese words actual and actualmente mean 'current' and 'currently'. 'Actually' is translated as na verdade.

Also, the word eventualmente is generally translated as 'possibly' or 'if necessary'. The word for 'eventually' is em última instância.

58 A Semana
The week

a segunda(-feira)	Monday
a terça(-feira)	Tuesday
a quarta(-feira)	Wednesday
a quinta(-feira)	Thursday
a sexta(-feira)	Friday
o sábado	Saturday
o domingo	Sunday
o fim-da-semana	weekend
o dia	day
a semana	week
quinze dias	fortnight
hoje	today
amanhã	tomorrow
depois de amanhã	the day after tomorrow
ontem	yesterday
a véspera	the day/evening before
o dia seguinte	the day after
dois dias depois	two days later
esta semana	this week
na próxima semana/semana que vem	next week
a semana seguinte	the following week
na semana passada	last week
a última semana	the last week
a segunda-feira passada	last Monday
a segunda-feira que vem	next Monday
o fim-de-semana passado	last weekend
o fim-de-semana próximo	next weekend
dentro de uma semana	in a week's time

de hoje a uma semana	a week today
dentro de duas semanas	in two weeks' time
ontem de manhã	yesterday morning
ontem à tarde/noite	yesterday afternoon/evening
esta manhã, hoje de manhã	this morning
esta tarde	this afternoon
esta noite, hoje à noite	this evening, tonight
amanhã de manhã	tomorrow morning
amanhã à tarde/noite	tomorrow afternoon/evening
há três dias	three days ago
durante o dia/a noite	during the day/night
dia por/a dia	day by day
dia sim dia não	every other day

---

na quinta-feira fui à piscina
on Thursday I went to the swimming pool

vou à piscina à quinta-feira/nas quintas
on Thursdays I go to the swimming pool

vou à piscina todas as quintas-feiras/cada quinta-feira
I go to the swimming pool every Thursday

ele/ela vem ver-me todos os dias
he/she comes to see me every day

até amanhã!   **até segunda**
see you tomorrow!   see you on Monday

encontrei-me com ele no fim-de-semana
I met him at the weekend

Note

★ Days of the week are expressed slightly differently in Portuguese: Sunday is considered the first day, followed by Monday to Friday in numbered order (segunda-feira, terça-feira etc). The -feira suffix is often dropped in speech. Weekdays are feminine, while Saturday (sábado) and Sunday (domingo) are masculine. Note that days of the week are not written with capital letters in Portuguese.

★ Watch out for the following expressions, which look similar but are not interchangeable:

à terça-feira	**na terça-feira**
every Tuesday	on Tuesday

tenho aulas de alemão à terça-feira/às terças
I have a German class on Tuesdays/every Tuesday

foi ao cinema na terça-feira (passada)
I went to the cinema on Tuesday/last Tuesday.

59 O ANO
THE YEAR

os meses do ano	**the months of the year**
Janeiro	January
Fevereiro	February
Março	March
Abril	April
Maio	May
Junho	June
Julho	July
Agosto	August
Setembro	September
Outubro	October
Novembro	November
Dezembro	December

o mês	month
o trimestre	quarter
o ano	year
un ano bissexto	leap year
a década	decade
o século	century
o milénio	millennium

as estações do ano	**the seasons**
a estação	season
a Primavera	spring
o Verão	summer
o Outono	autumn
o Inverno	winter

os dias festivos	**festivals**
o feriado	public holiday
o aniversário	birthday

a véspera do Natal	Christmas Eve
o Natal	Christmas
a véspera do Ano Novo	New Year's Eve
o Réveillon	New Year's Eve
o Ano Novo	New Year's Day
a Epifania	Epiphany *(6 January)*
o Dia de São Valentim/dos Namorados	St Valentine's Day
a Terça-feira Gorda	Shrove Tuesday
a Quarta-feira de Cinzas	Ash Wednesday
o Dia das Mentiras	April Fools' Day
a Sexta-feira Santa	Good Friday
a Páscoa	Easter
o Domingo de Páscoa	Easter Sunday
o Pentecostes	Whitsun

faço anos em Fevereiro
my birthday is in February

o Verão é a minha estação preferida
summer is my favourite season

chove frequentemente no Inverno/Verão
it often rains in the winter/summer

faz bastante calor na Primavera/no Outono
it's quite warm in spring/in autumn

Note

Portuguese months and seasons are generally written with a capital letter in Europe, but not in Brazil.

See also sections

40 GREETINGS AND POLITE PHRASES, 57 THE TIME, 58 THE WEEK *and* **60 THE DATE.**

60 A DATA
THE DATE

o presente	present
o passado	past
o futuro	future
a história	history
a Pré-História	prehistory
a Antiguidade	antiquity
a Idade Média	Middle Ages
o Renascimento	Renaissance
o século xv	15th century
a Revolução Francesa	French Revolution
a Revolução Industrial	Industrial Revolution
a Revolução dos Cravos	Carnation Revolution *(Portugal 1974)*
o século xx	twentieth century
a década de sessenta/noventa	the 60s/90s
mil, novecentos e noventa e quatro	1994
o ano 2000 (dois mil)	the year 2000
dois mil e nove	2009
presente	present
actual	current
moderno	modern
passado	past
futuro	future
anual	annual, yearly
trimestral	quarterly
mensal	monthly
semanal	weekly
diário	daily
quotidiano	daily

no passado	in the past
outrora	in times past
antigamente	in the olden days
nos velhos tempos	in the olden days
antes	before, previously
anteriormente	formerly
durante muito tempo	for a long time
nunca	never
sempre	always
por vezes	sometimes
quando	when
desde	since
novamente	again
ainda	still, yet
nessa época	at that time
naqueles tempos	in those days
hoje em dia	nowadays
no futuro	in the future
no princípio/fim do século	at the beginning/end of the century
em meados dos anos cinquenta	in the mid-fifties
a.C.	BC
d.C.	AD

---

que dia é hoje, quantos são hoje?
what date is it today?

é (o) dia/estamos a 1 de Junho de 2005
it's the first of June 2005

é (o) dia/estamos a 15 de Agosto
it's the 15 of August

em que dia faz (fazes) anos?
when is your birthday?

ele/ela volta no dia 16 de Julho
he/she'll be back on the 16th of July

ele/ela partiu há um ano   **era uma vez…**
he/she left a year ago   once upon a time, there was …

See also sections

57 THE TIME, 58 THE WEEK *and* **59 THE YEAR.**

61 Os Números

NUMBERS

o número	number
o algarismo	figure
zero	zero, nought
um, uma	one
dois, duas	two
três	three
quatro	four
cinco	five
seis	six
sete	seven
oito	eight
nove	nine
dez	ten
onze	eleven
doze	twelve
treze	thirteen
catorze [BP quatorze]	fourteen
quinze	fifteen
dezasseis [BP dezesseis]	sixteen
dezassete [BP dezessete]	seventeen
dezoito	eighteen
dezanove [BP dezenove]	nineteen
vinte	twenty
vinte e um/uma	twenty-one
vinte e dois/duas	twenty-two
vinte e três	twenty-three
trinta	thirty
quarenta	forty
cinquenta	fifty
sessenta	sixty

setenta	seventy
oitenta	eighty
noventa	ninety
cem	a/one hundred
cento e um/uma	a/one hundred and one
cento e sessenta e dois/duas	a/one hundred and sixty-two
duzentos/as	two hundred
duzentos/as e dois/duas	two hundred and two
trezentos/as	three hundred
quatrocentos/as	four hundred
quinhentos/as	five hundred
seiscentos/as	six hundred
setecentos/as	seven hundred
oitocentos/as	eight hundred
novecentos/as	nine hundred
mil	a/one thousand
dois mil	two thousand
dois mil e dois/duas	two thousand and two
cinco mil	five thousand
dez mil	ten thousand
cem mil	a/one hundred thousand
um milhão	a/one million
mil milhões	a/one thousand million
um bilhão	a/one billion
primeiro/a	first
segundo	second
terceiro	third
quarto	fourth
quinto	fifth
sexto	sixth
sétimo	seventh
oitavo	eighth
nono	ninth
décimo	tenth
décimo/a primeiro/a	eleventh
décimo segundo	twelfth

décimo terceiro	thirteenth
décimo quarto	fourteenth
décimo quinto	fifteenth
décimo sexto	sixteenth
décimo sétimo	seventeenth
décimo oitavo	eighteenth
décimo nono	nineteenth
vigésimo/a	twentieth
vigésimo/a primeiro/a	twenty-first
vigésimo segundo	twenty-second
trigésimo/a	thirtieth
quadragésimo/a	fortieth
quinquagésimo/a	fiftieth
sexagésimo/a	sixtieth
septuagésimo/a	seventieth
octogésimo/a	eightieth
nonagésimo/a	ninetieth
centésimo/a	hundredth
centésimo/a vigésimo/a	hundred and twentieth
ducentésimo/a	two hundredth
milésimo/a	thousandth
último	last
duplo	double
triplo	triple
quádruplo	quadruple

---

mais ou menos trinta
about thirty

mil euros
one thousand euros

um milhão/dois milhões de libras
one million/two million pounds

uma vez/duas vezes/três vezes
once/twice/three times

---

cinquenta por cento
fifty percent

dois vírgula três (2,3)
two point three (2.3)

cinco mil, trezentos e cinquenta e nove (5 359)
5,359

Henrique Oitavo
Henry VIII (the Eighth)

João Paulo Segundo
John Paul II (the Second)

62 AS QUANTIDADES
QUANTITIES

calcular	to calculate; to estimate
contar	to count
pesar	to weigh
medir	to measure
dividir	to divide
encher	to fill
esvaziar	to empty
retirar	to remove
diminuir	to lessen
reduzir	to reduce
baixar	to lower
aumentar	to increase
acrescentar	to add
bastar	to be enough
nada	nothing
tudo	everything
todo/a o/a..., todos/as os/as...	all the..., the whole...
todos, todas as pessoas, toda a gente	everybody
ninguém	nobody
algo, alguma coisa	something, anything
qualquer coisa	anything
uns, umas, algum/a, alguns, algumas	some
vários/as	several
cada	each, (every)
todos/as	every
pouco	little

poucos/as	few
um pouco	a little, a few
muito/a	a lot, much
muitos/as	many, lots of
não mais	no more
basta	enough, no more
mais	more
menos	less
a maior parte (de)	most
a maioria	the majority
bastante	enough
suficiente	enough, sufficient
demasiado	too much
cerca de	about
aproximadamente	approximately, roughly
quase	almost
mais ou menos	more or less
mal	scarcely
apenas	barely, just
à justa	just
exactamente	exactly
no máximo	at the most
mais uma vez	(once) again
somente	only
no mínimo	at least
a metade (de)	half (of)
um quarto (de)	a quarter (of)
um terço (de)	a third (of)
um/a e meio/a	one and a half
dois terços	two thirds
três quartos	three quarters
o todo	the whole
raro	rare
vários	numerous
inumerável	innumerable, countless

igual	equal
desigual	unequal
suplementar	extra
cheio	full
vazio	empty
único	single
duplo	double
um monte (de)	a heap (of)
um pedaço (de)	a piece (of)
uma fatia (de)	a slice (of)
um copo (de)	a glass (of)
uma caixa (de)	a box (of)
um pacote (de)	a packet (of)
uma colherada (de)	a spoonful (of)
uma pitada (de)	a pinch (of)
um punhado (de)	a handful (of)
um par (de)	a pair (of)
um grande número (de)	a large number (of)
um montão (de)	loads (of)
uma multidão (de)	a crowd (of)
uma dezena	(about) ten
uma dúzia	a dozen
meia dúzia (de)	half a dozen
centenas	hundreds
milhares	thousands
o resto (de)	the rest (of)
a quantidade	quantity
o número	number
a infinidade	infinity
a média	average

os pesos e as medidas

weights and measurements

a onça	ounce
o grama	gram
cem gramas	a hundred grams

a libra	pound
o quilo	kilo
a tonelada	ton
o litro	litre
a pinta	pint
o centímetro	centimetre
o metro	metre
o quilómetro	kilometer
a milha	mile

uma lata de coca-cola®
a can of Coke®

meio litro de leite
half a litre of milk

a cinco quilómetros
five kilometers away

resta pouco dinheiro
there isn't much money left

muitas pessoas ficaram feridas
many people were injured

passavamos a maior parte do tempo a discutir
we spent most of the time arguing

têm algumas pinturas
they have a few paintings

têm poucas pinturas
they have few paintings

calculo que custará cerca de 300 libras
I estimate it will cost about 300 pounds

Inf **tenho carradas de trabalho de casa!**
I've got tons of homework!

Inf **(ela) tem montes de amigos**
she has loads of friends

Inf **queres um? tenho um montão**
do you want one? I've got loads

See also section

61 NUMBERS.

63 A Descrição De Objectos

Describing Things

o tamanho	size
a largura	width, breadth
a altura	height
a profundidade	depth
a beleza	beauty
o aspecto	appearance
a forma	shape
o defeito	defect
a vantagem	advantage
a desvantagem	disadvantage
grande	big, large
pequeno	small
enorme	enormous
minúsculo	tiny
largo	wide
estreito	narrow
espesso	thick
grosso	thick
magro	thin
esbelto	slim
plano, liso	flat
liso	smooth, flat
profundo	deep
pouco profundo	shallow
comprido	long
curto	short
alto	high, tall

baixo	low, short
curvo	curved
recto	straight
redondo	round
circular	circular
oval	oval
rectangular	rectangular
quadrado	square
triangular	triangular
encantador	charming
bonito	lovely, beautiful
belo	beautiful, handsome
bom	good
giro	sweet, cute
fofinho	sweet, cute
maravilhoso	marvellous
magnífico	magnificent
fantástico	fantastic
extraordinário	remarkable, extraordinary
excepcional	exceptional
excelente	excellent
perfeito	perfect
feio	ugly, bad
mau	bad
medíocre	mediocre
pior	worse
o pior	the worst
péssimo	very bad, awful
horroroso	appalling
terrível	dreadful
atroz	atrocious
defeituoso	defective
leve	light
ligeiro	light
pesado	heavy

duro	hard
firme	firm, solid
brilhante	shiny
robusto	sturdy
macio	soft; smooth
mole	soft, squashy
terno	tender
delicado	delicate
fino	fine
liso	smooth
brilhante	shiny
cintilante	sparkly
quente	warm, hot
frio	cold
tépido	tepid
morno	lukewarm
seco	dry
molhado	wet
húmido	damp
líquido	liquid
simples	simple
complicado	complicated
difícil	difficult
fácil	easy
prático	handy
útil	useful
inútil	useless
velho	old
antigo	ancient
novo	new
moderno	modern
antiquado	out of date
fresco	fresh, cool
limpo	clean
sujo	dirty
repugnante	disgusting

gasto	worn out
partido	broken
de alta/pobre qualidade	top-/poor-quality
comum	ordinary
pouco usual	unusual
muito	very
demasiado	too
um tanto	rather
bem	well
mal	badly
melhor	better
o melhor	the best

---

como é?   **que aspecto tem?**
what's it like?   what does it look like?

tem 10 cm de largura/comprimento
it's 10 cm wide/long

a parede tem 20 cm de espessura
the wall is 20 cm thick

a água tem apenas 60 cm de profundidade
the water is only 60 cm deep

o que é aquela coisa azul?   **é uma espécie de armário**
what's that blue thing?   it's a sort of cupboard

Inf **onde está aquela espécie de chave de porcas?**
where's that spanner thingy gone?

Note

Portuguese often uses nouns to talk about depth, thickness, size etc, whereas English prefers adjectives:

tem 10 cm de largura/comprimento
it's 10 cm wide/long (lit. '10 cm in width/length')

a parede tem 20 cm de espessura
the wall is 20 cm thick

a água tem apenas 60 cm de profundidade
the water is only 60 cm deep

See also section

64 COLOURS.

64 AS CORES
COLOURS

a cor	colour
amarelo	yellow
azul	blue
azul-celeste	sky blue
bege	beige
branco	white
castanho	brown
cinzento	grey
cor de carne	flesh-coloured
dourado	golden
encarnado	red
laranja	orange
malva	mauve
negro	black
ouro	gold
prateado	silver
preto	black
rosa	pink
roxo	purple
turquesa	turquoise
verde	green
vermelho	red
violeta	violet
claro	light
escuro	dark
verde-claro/-escuro	light/dark green
multicor	multicoloured
uniforme	plain
pálido	pale
vivo	bright *(colour)*
brilhante	bright, shiny

(de) que cor é?
what colour is it?

qual é a tua cor preferida?
what's your favourite colour?

é azul-claro
it's pale blue

é avermelhado/esverdeado
it's reddish/greenish

comprei uma t-shirt cor-de-rosa berrante
I bought a bright pink t-shirt

65 Os Materiais

MATERIALS

verdadeiro	real
genuíno	genuine
natural	natural
sintético	synthetic
artificial	artificial
falso	fake
elástico	stretchy
macio	soft
duro	stiff
confortável	comfortable
desconfortável	uncomfortable
o material	material
a matéria-prima	raw material
a substância	substance
a terra	earth
a água	water
o ar	air
o fogo	fire
a pedra	stone
a rocha	rock
o mineral	mineral
as pedras preciosas	precious stones
o cristal	crystal
o mármore	marble
o granito	granite
o diamante	diamond
a argila	clay
a ardósia	slate
o carvão	(char)coal

o petróleo	oil, petroleum
o gás	gas
o metal	metal
o alumínio	aluminium
o bronze	bronze
o cobre	copper
o latão	brass
o estanho	tin
o ferro	iron
o aço	steel
o chumbo	lead
o ouro	gold
a prata	silver
a platina	platinum
o arame	wire
a madeira	wood
o pinho	pine
a cana	cane
o bambu	bamboo
o vime	wickerwork
a palha	straw
o cartão	cardboard
o papel	paper
o betão	concrete
o cimento	cement
o tijolo	brick
o gesso	plaster
a massa de vidraceiro	putty, plaster
a cola	glue
o vidro	glass
a argila	clay
a louça de barro	earthenware
a porcelana	china, porcelain
o plástico	plastic

a borracha	rubber
a cera	wax
o couro	leather
a pele	fur
a camurça	suede
o algodão	cotton
o linho	linen
a ganga	denim
a lona	canvas
a bombazina	cord(uroy)
o tweed	tweed
o veludo	velvet
a lã	wool
a caxemira	cashmere
a seda	silk
a renda	lace
o acrílico	acrylic
o nylon	nylon
o poliéster	polyester
o forro polar	fleece
a Lycra®	Lycra®

---

esta casa é de madeira
this house is made of wood

a Idade de Ferro
the Iron Age

uma colher de pau
a wooden spoon

uma saia de ganga
a denim skirt

esta camisola faz comichão
this jumper is itchy

comprei tecido para cortinas
I bought some curtain material

Note

False friend: the Portuguese word **a fábrica** means 'factory'. The word for 'fabric' is **o tecido**.

66 As Direcções

Directions

estar perdido	to be lost
perder-se	to get lost
saber o caminho	to know the way
perguntar	to ask
apontar	to point out
indicar	to show, to indicate
mostrar	to show
ver o mapa	to look at the map
tome	take
continue	keep going
siga	follow
passe por	go past
volte para trás	go back
vire à direita	turn right
vire à esquerda	turn left

as direcções — directions

onde	where
esquerda	left
direita	right
à esquerda	on/to the left
à direita	on/to the right
a primeira à direita	first on the right
a segunda à esquerda	second on the left
sempre em frente	straight ahead/on
sobre	on, above
sob	under
ao longo de	along
ao lado de	beside, next to
no meio de	in the middle of

em frente de	in front of, opposite
atrás de	behind
no/ao fim de	at the end/bottom of
depois (de)	after
imediatamente antes	just before
durante... metros	for... metres
no próximo cruzamento	at the next crossroads

os pontos cardeais — the points of the compass

o sul	south
o norte	north
o (l)este	east
o oeste	west
o nordeste	north-east
o sudoeste	south-west

importa-se de me indicar o caminho para a estação?
can you tell me the way to the station?

como é que se vai para o museu?
how do I get to the museum?

fica longe daqui?
is it far from here?

fica a dez minutos daqui
ten minutes from here

a 100 metros (de distância)
100 metres away

a sul de Évora
south of Évora

Faro fica no sul do Portugal
Faro is in the south of Portugal

a França fica a sul de Inglaterra
France is to the south of England

não tenho sentido de orientação nenhum
I've got no sense of direction

pode indicar-me onde é no mapa?
can you show me on the map?

estamos totalmente perdidos
we're totally lost

INDEX

Note that entries refer to chapter numbers rather than page numbers